하나님의
눈물,
하나님의
외침!

강철수
지음

하나님의 눈물, 하나님의 외침!

너는 내게 부르짖으라~ 네가 알지 못하는
크고 은밀한 일을 네게 보이리라

(렘33:3)

내가 입을 열어 비유로 말하고 창세부터 감추인 것들을
드러내리라 함을 이루려 하심이라(마13:35)

너는 내게 부르짖으라~
네가 알지 못하는 크고 은밀한 일을
네게 보이리라 (렘33:3)

내가 입을 열어 비유로 말하고
창세부터 감추인 것들을 드러내리라 함을
이루려 하심이라 (마13:35)

서문

  길이요 진리요 생명이신 예수님의 말씀임에도 불구하고 그리스도인으로서 가장 두려우며 회피하고 싶은 말씀이 있다면 그 말씀은 곧 "그러나 인자가 올 때에 세상에서 믿음을 보겠느냐(눅 18:8)" 하신 말씀일 것이다.

  눅18:8의 말씀은 2천 년 전 예수님께서 장차 공중 강림하시기 전의 7년 대환난을 앞둔 혼탁한 세상을 시공간을 초월하여 미리 꿰뚫어 보시고 오늘날의 교회를 향해 깨어 준비할 것을 선포하신 경고의 말씀이자 간곡한 충고의 말씀임을 결코 잊지 말아야 할 것이다.

  참으로 안타까운 사실은, 그리스도인으로서 너무도 두렵기만 한 눅18:8의 말씀이 예수님 다시 오시는 그날에 현실에서 실제로 이루어질 경우 땅 위에 펼쳐질 참담한 현상과 참혹하기 그지없을 그 결과에 대해 하나님께 부르짖어 묻는 자와 분명한 사명의식을 가지고 올바로 가르쳐 전하는 교역자가 오늘날 교회에서 찾아보기 힘든 현실이란 것이다.

이러한 이유는 한마디로 교회가 하나님의 의중인 말씀의 본질을 놓쳐버렸기 때문이다.

그 증거로서 오늘날 교회가 기도 가운데 여러 모양으로 많은 수고와 헌신과 섬김의 노력을 기울임에도 불구하고 영국을 비롯한 유럽권 교회의 심각한 이슬람화 및 세속화 현상과 갈수록 심화되는 지상 위 교회의 전반적인 영적 침체 현상 가운데 전 세계를 휩쓴 코로나19 이후 교회를 떠난 수많은 영혼들이 영과 진리의 예배의 자리로 돌아오지 않고 있는 현상을 한 예로 들 수 있을 것이다.

하지만 이러한 오늘날 우리들의 모습을 이미 꿰뚫어 보신 하나님이심으로 말미암아 이를 안타까이 여기시고 구약의 시대를 뛰어넘어 이 시대의 교회를 향해 주신 말씀이 바로, "너는 내게 부르짖으라 내가 네게 응답하겠고 네가 알지 못하는 크고 은밀한 일을 네게 보이리라(렘33:3)" 하신 말씀과 "내가 입을 열어 비유로 말하고 창세부터 감추인 것들을 드러내리라 함을 이루려 하심이라(마13:35)"는 놀라운 약속의 말씀이다.

위의 말씀들을 오직 하나님의 시각에서 바라보며 하나님의 관점에서 헤아릴 때 렘33:3과 마13:35의 약속의 말씀이 의미하는 바는, 창세기 1장~11장의 말씀과 엡1:4~6의 말씀 속에 함축된 우리가 알지 못하는 크고 은밀한 일, 곧 창세부터 감추신 것들에 대한 하나님의 깊으신 의중과 하나님의 아픈 눈물을 보게 하심으로써 천지를 창조하신 하나님이 어떤 분이신지를 명확히 알게 하심으로 말미암아 두렵기만 한 눅18:8의 말씀을 선포하신 예수님의 깊으신 의중을 올바로 헤아리도록 인도하신다는 의미의 말씀인 것이다.

"그러나 인자가 올 때에 세상에서 믿음을 보겠느냐(눅18:8)"하신 예수님의 간곡한 충고의 말씀 속엔 장차 7년 대환난 중에 그 실체를 드러낼 적그리스도의 사악한 숨은 계략을 준비된 하나님의 백성들, 곧 등불을 켤 기름을 준비해 간 슬기로운 다섯 처녀들을 통하여 7년 대환난이 시작되기 전에 온 천하에 드러내시기 위한 예수님의 깊으신 의중이 함축된 충고의 말씀임을 오늘날 교회와 모든 그리스도인들이 마음속 깊이 인식해야 할 것이다.

성경학자도 목회자도 아닌 부족하기 그지없는 인생이 감히 이와 같은 내용의 책을 출간하게 된 이유는, 천지를 창조하신 하나님이 어떤 분이신지를 부르짖는 가운데 알게 하신 크신 은혜와 그 사명으로 말미암아 그리스도의 몸 된 교회와 함께 창세기 1장~11장의 말씀과 엡1:4~6의 말씀 속에 함축된 하나님의 깊으신 의중과 눈물의 의미를 우리의 후대들에게 올바로 계승되도록 인도함으로써 예수님의 두 가지 큰 계명(마22:37~40)을 온전히 실천할 슬기로운 다섯 처녀에 해당하는 하나님의 자녀들이 이 땅 위에 준비되도록 하여 두렵기만 한 눅18:8의 말씀이 예수님 다시 오시는 그날에 단연코 이루어지지 않도록 하기 위함이 이 책을 출간하게 된 궁극적 이유이다.

서문　　　　　　　　　　　　　　　　　　　　　　　　　　목차

제1부
루시퍼의 타락과 그 근본 원인

12　　1. 천사 대장 루시퍼
22　　2. 진리의 주체이신 하나님과 진리의 속성
29　　3. 루시퍼의 궤변과 루시퍼가 흑암에서 혼자 풀려나게 된 이유
37　　4. 사탄의 결의

제2부
첫째 날의 빛의 의미

41　　1. 첫째 날의 빛의 정체성과 역할
48　　2. 물과 흙 속의 눈에 보이지 아니하는 것들의 기원(아미노산, 미네
　　　　랄, 박테리아: 세포의 기원)
57　　3. 창세기1:1 및 요한복음1:1의 태초의 개념과 그 의미
66　　4. 우주 공간의 눈에 보이지 아니하는 것들의 기원(양성자, 중성자,
　　　　전자와 중력을 발생시키는 물질)
77　　5. 넷째 날의 말씀(창1:15)의 권능과 우주 팽창 에너지
84　　6. 지구의 창조 시기
91　　7. 우주의 시기별 구분 및 그 특징과 의미
100　　8. 창조주이신 하나님과 피조물인 사람과의 진정한 경계선
102　　9. 빅뱅이론(표준우주론)의 허구성

제3부
선악과 명령의 본질

- 112　1. 서론
- 115　2. 불순종의 죄의 성립
- 128　3. 에덴동산의 아담과 하와
- 137　4. 하와의 독백
- 145　5. 자유의지의 성경적 개념과 잃어버린 세 번의 기회
- 155　6. 에덴동산에서의 아담 하와의 추방과 그 뒤를 쫓는 사탄

제4부
에베소서1:4~6 말씀에 대한 하나님의 시각

- 159　1. 하나님의 관점
- 166　2. 우리들의 관점
- 168　3. 하나님의 관점에 의한 구체적 해석
- 174　4. 그 기쁘신 뜻대로 우리를 예정하신 시점
- 178　5. 에베소서1:4~6 말씀의 본질
- 187　6. 그러나 인자가 올 때에 세상에서 믿음을 보겠느냐(눅18:8)
- 198　7. 성경의 첫 단추

제5부
영혼 구원의 예정과 그 시점

- 208 1. 에덴동산에서 아담 하와를 내보내시며 하나님이 최초로 보신 미래의 인류 모습
- 213 2. 하나님께서 에덴동산 밖 아담 하와의 삶 속에 직접 들어오시게 된 이유
- 221 3. 가인이 에녹 성을 쌓은 이유
- 224 4. 하와의 셋의 임신과 하나님이 두 번째로 보신 미래의 인류 모습

제6부
하나님의 아들들과 사람의 딸들 (창6:1~4)

- 235 1. 하나님의 아들들과 사람의 딸들의 정체성
- 239 2. 사탄의 부하 귀신들이 큰 날의 심판(대홍수)을 앞두고 흑암에서 풀려난 이유
- 244 3. 의인 노아
- 251 4. 하나님의 눈물, 하나님의 외침!

제7부
1:1 신앙 개혁

- 256 1. 16세기 종교개혁, 21세기 1:1 신앙 개혁!
- 261 2. 1:1 신앙 개혁의 본질

제1부

)☀(

루시퍼의 타락과
그 근본 원인

1
천사 대장 루시퍼

유다서 1장 6절: 또 자기 지위를 지키지 아니하고 자기 처소를 떠난 천사들을 큰 날의 심판까지 영원한 결박으로 흑암에 가두셨으며

(자기 지위를 지키지 아니하고 자기 처소를 떠난 천사들, 곧 루시퍼와 그의 부하 천사들이 하나님의 진노 속에 영원한 결박으로 흑암에 던져져 끝없는 절망과 욕망의 갈등 속에 분노와 저주의 화신이 되어 울부짖으며 신음하는 가운데 하나님의 음성이 루시퍼에게 임하시게 된다.)

창조주 하나님께서 엿새 동안의 창조사역을 순차대로 이루어 가시는 동안 하나님께 충성토록 지음받은 천사 대장 루시퍼는 하나님이 부여하신 천사 대장의 직위와 큰 권능으로서 부하 천사들을 지휘하고 천국의 모든 면을 보살피며 천사 대장으로서의 사명에 충실함으로써 하나님의 크신 사랑과 부하 천사들의 두터운 신망을 받게 된다.

이러한 가운데 태초, 즉 첫째 날 이전에 하나님께서 흑암의 우주 공간과 함께 사람이 거주할 수 있도록 손수 견고하게 지은 바 된(사45:18) 지구는 첫째 날의 빛에 의해 깊은 흑암 속의 혼돈과 공허의 장막을 벗어버리고 낮과 밤의 구분에 따른 시간의 시작과 함께 우주의 질서가 비롯되게 된다.

이처럼 첫째 날의 빛에 의해 깊은 흑암의 혼돈과 공허의 장막을 벗어버린 지구는 둘째 날부터 여섯째 날까지 하늘과 땅과 물을 향하여 명령하신 하나님의 권능의 말씀에 따라 망망한 푸른 바다와 형형색색 온 땅을 물들인 아름다운 식물들과 높고 낮은 산들의 계곡과 초록빛 숲의 신비로운 조화 속에 하늘을 나는 온갖 종류의 새들과 바닷속 깊이 수영하는 크고 작은 물고기와 더불어 드넓은 대지 위엔 각양각색의 생명체들이 살아 숨 쉬는 아름답고 경이로운 축복의 땅으로 변모해 가고 있었다.

또한 넷째 날 창조된 두 큰 광명체인 해와 달을 비롯하여 밤하늘을 수놓은 수많은 별들이 하나님의 말씀에 의해 창조된 가운데 넷째 날부터는 이들 두 큰 광명체가 첫째 날의 빛을 대신하여 아름답게 변모해 가는 땅 지구를 비춤으로써 계속하여 낮과 밤이 나뉘게 되고 땅 위에 징조와 계절과 날과 해를 이루게 된다(창1:14~18).

이렇듯 경이롭고 신비롭기만 한 이 모든 창조과정, 즉 아담 하와가 창조되기 전인 여섯째 날까지의 우주의 모든 창조과정을 하나님의 아들들이라 일컫는 천사 대장 루시퍼와 그의 모든 부하 천사들이 경이롭고 위대한 창조의 역사를 빠짐없이 지켜보면서 창조주 하나님의 위대하신 창조적 권능에 다 함께 탄성을 지르며 경탄을 금하지 못하게 된다.

내가 땅의 기초를 놓을 때에~

그때에 새벽별들이 기뻐 노래하며 하나님의 아들들이 다 기뻐 소리를 질렀느니라(욥38:4,7)

루시퍼가 타락하게 된 근본 원인

이렇듯 하나님의 시간인 엿새 동안의 창조사역의 시간이 지나는 동안 광활한 우주 공간의 무수히 많은 별들 중 유일하게 태초에 창조된 지구만이 각양각색의 생명체들로 넘쳐나는 가운데 사람이 거주하게 될 아름다운 행성의 땅으로 거듭나게 된다.

이렇듯 아름답게 변모해 가는 지구의 신비로운 모습에 탄성을 금하지 못하는 부하 천사들과 함께 지구의 모든 창조과정을 유심히 지켜보던 천사 대장 루시퍼의 마음은 생명과 신비로움으로 가득한 땅 지구에 대한 거부할 수 없는 매력에 깊이 빠져들게 된다.

이처럼 다른 천사들과 달리 유독 아름다운 땅 지구에 눈을 떼지 못하던 루시퍼는 어느 순간 그의 마음 깊은 곳으로부터 여태까지의 창조주 하나님만을 향한 지극한 충성의 다짐이 아닌 자신만을 향한 또 다른 자신의 음성을 듣게 된다.

그 거부할 수 없는 속삭임은 곧 공중과 드넓은 초록빛 땅과 망망한 푸른 바닷속 깊은 곳까지 온갖 신비로운 생명체들로 넘쳐나며 살아 숨 쉬는 경이로운 땅 지구를 다스리고 그들로부터 경배를 받을 자는 밤하늘의 수많은 별들 중 가장 찬란하게 빛나는 계명성과 같이 지극히 아름답고 지혜로우며 모든 면에 뛰어난 큰 능력을 갖춘 천사들의 대장인 자신이어야 한다는 지나칠 수 없는 유혹의 속삭임이었다.

이처럼 자신의 내적 욕망의 소리에 귀 기울이던 루시퍼가 그 유혹의 속삭임을 뿌리치지 못한 채 마침내 마음에 스스로 결정하여 그 속삭임에 대답하여 말하길 내가 때를 보아 하나님께 간청하여 하나님의 허락을 받아 생명과 신비로움으로 가득한 땅 지구 또한 나 루시퍼가 지배하여 다스림으로써 하나님과 같이 그들의 경배를 받는 자가 되리라는 욕망의 다짐을 스스로 하기에 이른다.

따라서 장차 지구를 지배하여 통치하는 가운데 모든 생명체로부터 경배를 받게 될 자신의 모습을 상상하게 되면서 바라볼수록 아름답게 변모해 가는 신비로운 땅 지구에 대한 과도한 애정과 집착을 갖게 된다.

이처럼 루시퍼는 그의 마음 깊은 곳으로부터 들려오는 또 다른 자신의 음성에 집착함으로써 그의 마음의 중심이 하나님에게서 점차 멀어짐으로 말미암아 그 마음에 아름다운 땅 지구를 향한 제어할 수 없는 욕망이 싹트게 되어 그 중심에 뿌리내리게 된다.

이에 루시퍼는 엿새 동안의 창조사역의 시간이 지나는 동안 줄 곧 자신의 욕망을 이루기 위한 간청의 기회를 엿보게 된다.

여섯째 날의 하나님의 계획

　이러한 가운데 하나님께서 여섯째 날에 땅을 향해 명령하여 땅의 짐승을 그 종류대로, 가축을 그 종류대로, 땅에 기는 모든 것을 그 종류대로 내게 하신 후(창1:24) 이 모든 생물을 다스리게 될 사람을 창조하고자 하시게 된다.
　이에 하나님께선 사람을 창조하시기에 앞서 이들이 장차 다스리게 될 땅 위의 모든 생물들, 곧 바다의 물고기와 하늘의 새와 땅의 짐승과 땅에 기는 모든 것을 살펴보시고자 하나님의 높은 보좌 위에 좌정하시게 된다.
　이에 넷째 날 창조되어 신비로움과 질서 속에 체계를 갖춘 광활한 우주의 수많은 별들이 창조주이신 하나님의 눈앞에 끝없이 펼쳐 보이며 창조주의 위대하신 권능을 기뻐 노래하게 된다.
　이처럼 창조주 하나님을 향한 별들의 기쁨에 찬 노래를 들으시는 가운데 하나님께선 우주의 수많은 별들 중에서도 특히 태초에 손수 창조하신 지극히 아름다우며 신비롭기 그지없는 땅 지구의 모습에 주목하시게 되는 바 드넓은 초록빛 땅 위를 쉼 없이 내달리고, 맑고 높은 창공을 마음껏 날아올라 활공하며, 망망한 푸른 바닷속 깊이 여유롭게 헤엄치는 각양각색의 신비로운 생명체들을 흡족한 마음으로 바라보시며 좋아하시게 된다(창1:25).

이렇듯 높으신 보좌 위에 좌정하신 가운데 이 모두를 둘러보신 하나님께서 삼위일체이신 그리스도를 향하여 이르시되 우리의 형상을 따라 우리의 모양대로 우리가 사람을 만들고 그들로 바다의 물고기와 하늘의 새와 가축과 온 땅과 땅에 기는 모든 것을 다스리게 하자 하시고 하나님이 자기 형상, 곧 하나님의 형상대로 사람을 창조하시되 태초에 창조하신 땅의 흙으로 남자와 여자를 손수 창조하고자 하시게 된다(창1:26~27).

　이는 엿새 동안의 기간 중 모든 생물을 하나님의 말씀으로 창조하신 것과는 확연히 다른 결정이시기에 앞으로 땅 위에 번성하고 충만하여 죽음이 없는 영광된 삶 가운데 땅을 정복하고 다스리게 될 인류의 모습과 그들의 축복된 삶을 생각하시며 창조주 하나님으로서의 깊은 생각에 잠기시게 된다.

　그 생각은 곧 죄와 무관하여 죽음이 없는 그들이 장차 하나님이 정하신 때에 순차적으로 오게 될 하나님 나라에서 그들 사람과 천사들과의 질서에 대해 깊은 생각을 하시게 된 것이다.

루시퍼의 간청에 대한 하나님의 충고와 경고

　때마침 줄곧 간청의 기회를 엿보던 루시퍼가 이때를 놓치지 아니하고 창조주 하나님의 보좌 앞에 나아가 엎드려 아뢰길, 하나님께서 부여하신 천국에서의 직위와 큰 권능으로서 천사 대장으로서의 사명을 다하여 여태까지 하나님께 충성을 바칠 수 있었는바 저에게 창조주 하나님을 대신하여 아름다운 땅 지구를 다스릴 권한 또한 승낙해 주신다면 하나님께 더 큰 충성을 바치겠다는 욕망이 내재된 충정 어린 간청을 하기에 이른다.

그러나 하나님께서 그러한 루시퍼의 속마음을 모두 꿰뚫어 보시고 그에게 조용히 타이르시길, 나 하나님을 대신하여 지구를 다스릴 이는 창조주인 나 하나님의 계획 가운데 있으며 또한 그들이 장차 때가 되어 하나님 나라의 상속자로서 이곳 천국으로 오게 될 것인즉 그때는 하나님의 아들들인 너희 모든 천사들이 그들을 섬기게 될 것이니 너는 오직 나 창조주 하나님이 너에게 부여한 천사 대장의 직위와 큰 권능으로서 나 하나님의 아들들인 부하 천사들을 지휘하고 도울 것과 나 하나님을 대신하여 천국의 모든 면을 보살피고 관리하는 천사 대장으로서의 사명에 더욱 충성하라는 그를 향한 신뢰 어린 충고를 하시기에 이른다.

이에 루시퍼가 엎드려 절하고 하나님 앞을 물러나 나오면서 다시금 생각하길, 지금까지 천사 대장으로서 충성을 다 바친 자신이 아닌 여태 본 적도 없고 아무 공로도 없는 다른 존재에게 아름다운 땅 지구를 맡겨 다스리게 할 뿐만이 아니라 장차 천국에 오게 될 그 존재들에 대해 하나님의 아들들인 천국의 모든 천사들이 아무 공로도 없는 그들을 자신들보다 위인 하나님 나라의 상속자로서 섬겨야 된다는 사실을 비로소 깨닫게 되고 큰 실망과 충격에 빠지게 된다.

따라서 신비로운 지구를 향한 그동안의 자신의 계획과 한껏 부풀었던 생각들이 일순간 물거품이 되어버리자 그의 마음속엔 창조주 하나님을 향한 이루 형언할 수 없는 서운함과 함께 하나님으로부터 자신의 충정이 외면당하였다는 깊은 절망감에 사로잡히게 되고 만다.

이처럼 어두운 절망의 나락으로 끝없이 추락하던 그의 속마음이 결국엔 하나님의 아들들임에도 불구하고 천사들의 대장인 자신과 그의 모든 부하 천사들이 창조주 하나님으로부터 철저히 외면당하고 버림받았다는 극도의 배신감으로 이어지게 되고 만다.

천사 대장 루시퍼를 비롯한 천국의 모든 천사들은 창조주 하나님의 거룩한 진리의 영으로 창조된 하나님의 아들들이자 거룩한 속성의 영적 존재들이다.

그러한 천사들이기에 오직 자신들을 손수 창조하신 하나님께 거룩한 진리의 영으로서 절대적인 충성과 복종을 하도록 지음받은 하나님 나라의 소중한 존재들인 것이다.

이처럼 하나님의 거룩한 진리의 영으로만 창조되었음으로 말미암아 하나님의 생기에 의한 영과 혼과 함께 흙으로 손수 지은 바 된 사람과는 달리 자유의지가 있을 수 없는 루시퍼임에도 불구하고 자신의 내적 욕망의 소리에 귀 기울임으로써 신비로운 땅 지구에 대한 탐욕에 사로잡히게 됨으로 인하여 그의 마음이 하나님을 떠나 멀어지게 된다.

따라서 하나님께 부여받은 광명한 천사로서의 거룩한 속성은 걷잡을 수 없는 분노와 결코 포기할 수 없는 지구를 향한 탐욕의 어두운 마음으로 변질되어 스스로 타락의 길로 치닫게 되고 만다.

그러자 이러한 루시퍼의 마음을 꿰뚫어 보신 전지전능하신 하나님의 음성이 그에게 임하여 이르시길 네가 분하여 함은 어찌 됨이며 마음이 어두워짐은 어찌 됨이냐, 네가 충성을 다하면 어찌 낯을 들지 못하겠느냐, 충성을 다하지 아니하면 탐욕이 문에 엎드려 있느니라, 탐욕이 너를 원하나 너는 네 마음을 다스릴지니라는 창조주 하나님의 준엄하신 경고의 말씀이 루시퍼에게 내려지게 된다.

루시퍼의 타락

그러나 루시퍼는 하나님의 준엄하신 경고의 말씀에도 불구하고 하나님의 첫 피조물로서의 자신의 간청과 천사들의 대장으로서의 여태까지의 자신의 충정을 외면한 하나님의 경고를 그 또한 정면으로 외면해 버림으로써 마침내 창조주 하나님께 반기를 드는 타락 천사의 길을 스스로 택하기에 이른다.

그리고선 스스로 다짐하여 이르길 오직 하나님을 향한 여태까지의 나의 충정과 나의 부하 천사들을 외면해 버린 하나님이기에 나 또한 나를 향한 하나님의 충고와 경고를 외면함은 물론 그가 이룬 엿새 동안의 그 위대한 창조사역의 모든 것들을 천사들의 대장인 나 루시퍼가 모두 가로채어 지구뿐 아니라 우주 만물을 나 루시퍼가 지배하고 다스림으로써 모든 생명체들로부터 경배받는 하나님의 자리에 올라 지극히 높은 이와 같아지리라(사14:14)는 통제할 수 없는 끝없는 욕망에 사로잡히게 되고 만다.

이렇듯 창조주 하나님의 준엄하신 경고를 정면으로 외면해 버린 루시퍼는 하나님이 자신에게 부여하신 천사 대장으로서의 큰 권능들을 보란 듯이 휘둘러 천국의 천사들 중 삼 분의 일을 천사의 지위에서 끌어내리게 되는 바(계12:4), 이는 그가 장차 땅으로 내려가 지구를 통치하고자 하는 자신에게 충성하는 타락 천사, 즉 부하 귀신들이 되도록 선동하기 위해서였다.

　하나님의 거룩한 진리의 영으로 창조되어 오직 하나님을 향한 절대적인 충성과 복종을 하도록 지음받은 천사들임에도 불구하고 삼 분의 일에 해당하는 천사들이 루시퍼의 선동에 공감하여 자기 지위를 지키지 아니하고 자기 처소를 떠나 루시퍼의 종노릇 하도록 이끌게 된 것인바, 이는 천사 대장으로서의 루시퍼의 권능이 얼마나 큰 권능이었는지를 여실히 보여주는 것이다.

　따라서 천국의 천사들 가운데 자신의 뜻에 동조한 삼 분의 일에 해당하는 타락 천사들과 힘을 합하여 창조주이신 하나님께 정면으로 반기를 들게 됨으로 말미암아 하나님의 나라인 천국에 불순종의 죄가 들어오는 참담한 결과를 낳게 되고 만다.

　창조주이신 하나님께 오직 충성토록 지음받은 하나님의 첫 피조물인 천사 대장 루시퍼였음에도 불구하고 자신의 내적 욕망의 속삭임에 현혹되어 스스로 타락함으로 말미암아 자신의 큰 권능을 부하 천사들을 선동하는 데 사용함으로써 그에게 종속된 타락 천사들과 함께 하나님께 반기를 든 충격적인 이 사건은 진리이시고 거룩하신 하나님의 나라인 천국에선 결코 일어날 수도 없고 일어나서는 안 되는 일이었다.

2
진리의 주체이신 하나님과 진리의 속성

 이러한 천사 대장 루시퍼의 그릇된 행위에 대해 진리이신 하나님께선 이루 말로 할 수 없는 크나큰 충격을 받으시게 된다.
 왜냐하면 루시퍼는 진리이신 하나님께서 천국과 함께 천사들 중 가장 먼저 하나님의 진리의 영으로 창조하신 하나님의 첫 피조물로서 창조주이신 하나님께 절대적인 충성과 복종을 하도록 큰 권능을 부여하여 천사들의 대장으로 세우신 루시퍼였기 때문이다.
 따라서 하나님이 손수 창조하신 진리의 산물인 그를 하나님께선 전적으로 신뢰하실 뿐 그의 충성을 의심할 아무런 이유가 없으셨던 것이다.
 만일 하나님께서 자신이 창조한 루시퍼를 의심하여 그의 앞을 보신다면 그것은 곧 진리의 주체이신 하나님께서 진리인 자신이

행한 창조행위를 부인해 버리는 결과가 되기 때문에 루시퍼의 마음에 욕망의 싹이 움트는 것을 전지전능하신 권능으로 아셨음에도 불구하고 그를 전혀 의심치 아니하셨으며 오히려 그에게 신뢰 어린 충고를 하심으로써 그가 마음을 돌이켜 하나님의 충고에 순종할 것을 믿어 의심치 않으신 하나님이셨다.

다시 말해 진리의 주체이신 하나님이심으로 말미암아 창조주로서 계획하시고 실행하신 모든 행위와 말씀은 곧 진리가 됨에 따라 하나님이 손수 창조하신 진리의 산물인 천사 대장 루시퍼를 전적으로 신뢰하였을 뿐만 아니라 그의 마음에 욕망의 싹이 움트는 것을 아셨음에도 불구하고 그의 앞을 결코 보시지 아니한 채 오히려 신뢰 어린 충고로 대신하셨던 것이다.

한마디로 진리이신 하나님이 손수 창조하신 그 대상을 믿지 못하여 그의 앞을 본다는 것은 진리이신 자신의 행위를 믿지 못하는 것이 되고 이것은 곧 진리이신 하나님을 스스로 부인하는 모순이 되고 마는 것이기에 이러한 사실을 잘 아시는 하나님께선 충성토록 지음받은 천사들의 대장 루시퍼를 의심하거나 그의 미래를 보실 이유가 전혀 없으셨던 것이다.

이렇듯 전지전능하심에도 불구하고 스스로를 제어하시며 절제하시는 하나님의 거룩하신 성품이 곧 진리이시며 유일하신 창조주 하나님만의 위대하신 속성이신 것이다.

(이러한 창조주 하나님의 위대하신 속성은 하나님의 형상을 따라 하나님의 모양대로 지음받은 에덴동산의 아담에게 내리신 선악과 명령에도 똑같이 적용되는 진리이다.

즉 아담 하와를 불순종의 죄로 인하여 에덴동산에서 내보내시기 전까진 하나님께선 진리의 산물이며 객체인 아담 하와가 하나님의 선악과 명령에 반드시 순종할 것을 믿어 의심치 않으셨기에 전지전능하심에도 불구하고 그들의 앞을 결코 보시지 아니하셨음을 우리 그리스도인들이 이 시점에서 명확히 인식해야 한다는 것이다)

루시퍼와 자유의지

이와 같이 자신에게 부여된 큰 권능으로서 상당수의 부하 천사들을 선동하는 데 성공한 루시퍼는 지극히 높으신 하나님의 자리에 오르고자 자신의 뜻에 종속된 부하 천사들과 함께 마침내 천국에서의 대반란을 일으키게 된다.

이와 같은 천사 대장 루시퍼의 타락과 반란에 큰 충격을 받으신 하나님께선 하나님의 충고와 경고에도 불구하고 불순종의 죄를 지은 루시퍼와 그에 동조한 부하 천사들을 하나님의 나라인 천국에 함께 둘 수 없음으로 인하여 그들을 하나님의 충성된 천사들과 완전히 분리하여 가두어 두고자 하시게 된다.

따라서 천국에서의 대대적인 반란을 일으켰으나 하나님의 충성된 천사 미카엘과 그의 부하 천사들에 의해 곧 제압당하여 하나님 앞에 무릎 꿇리게 된 루시퍼와 부하 천사들을(계12:7~8) 향해 크게 진노하신 하나님께서 그들에게 부여된 천사로서의 큰 권능들과 직위를 모두 박탈하신 후 루시퍼와 그에게 동조한 타락 천사들 모두를 천국에서 추방하여 차후 땅으로 내쫓으시기 전까지 영원한 결박으로 흑암 속에 가두시게 된다(유1:6, 벧후2:4).

(이 시점에서 한 가지 하나님께 반드시 여쭈어야 할 사항은, 하나님의 진리의 영으로 창조된 천사 대장 루시퍼와 그의 부하 천사들이 장차 땅 위에 창조될 아담 하와처럼 만일 천사들 또한 하나님께 자유의지를 부여받은 상태에서 이와 같이 타락하게 되었다면, 영이신 하나님 나라에서 자신들의 자유의지에 의해 자기 지위를 지키지 아니하고 자기 처소를 떠나 불순종의 죄를 범한 그들 타락 천사들에 대해 하나님께선 과연 어떠한 징벌을 내리셨을까 하는 것이다.

이 물음에 관한 하나님의 의중은 지극히 단호하신바, 천사로서의 절대적인 충성과 복종을 해야 하는 하나님 나라의 법을 자신들의 자유의지로서 어겨 불순종하였다면 하나님께선 루시퍼와 그의 부하 천사들에게 그 모든 책임을 물으시고 천국에 들어온 불순종의 죄와 함께 그 자리에서 그들을 모두 진멸하심으로써 천국의 다른 모든 천사들에게 하나님 나라의 질서와 법의 준엄하심을 바로 세우심이 하나님의 의중이시라는 것이다)

이처럼 자기 지위를 지키지 아니하고 자기 처소를 떠나 지극히 높으신 하나님의 자리에 오르고자 하나님께 반기를 든 타락 천사들을 하나님의 충성된 천사들과 구분하여 영원한 결박으로 모두 흑암 속에 가두신 하나님께선 천국에서 루시퍼와 같은 천사들의 불순종의 죄가 두 번 다시 발생하지 아니하도록 창조주 하나님의 절대주권으로서 타락하지 아니한 다른 천사들의 지위체계를 새로이 편성하시고 천국에서의 각 천사들의 사명과 지위체계에 따른 질서 또한 확고히 정하시게 된다.

그러하신 후 하나님께선 오직 충성토록 지음받은 천사들의 대장인 루시퍼가 신비로운 땅 지구에 대한 내적 욕망의 소리에 현혹되어 스스로 타락함으로 말미암아 하나님의 나라에 불순종의 죄가 들어오게 된 근본적인 원인과 그 책임에 대하여 창조주 하나님으로서의 깊은 고뇌의 시간을 갖게 되신다.

이처럼 마음의 슬픔과 충격을 다스리며 고뇌의 시간을 보내신 하나님께선 스스로 타락하여 하나님께 반기를 들게 된 루시퍼에 대해 그를 손수 창조하신 하나님께 그 모든 책임을 두기로 하신다.

왜냐하면 거룩한 진리의 영으로서 오직 하나님께 충성토록 지음받은 천사 대장 루시퍼의 반란은 진리이시고 거룩하신 하나님의 나라인 천국에선 결코 일어날 수도 없고 일어나서는 안 되는 일이었기 때문이다.

하지만 그러한 행위를 하게 될 루시퍼를 하나님께서 손수 창조하셔서 천사들의 대장으로 세우신 후 그를 믿고 그에게 큰 권능을 부여하신 것이 그 원인이 되었던 것이다.

이로 인해 다른 부하 천사들과는 달리 유독 루시퍼만이 축복의 땅으로 변모해 가는 지구를 향한 선을 넘은 집착으로 인하여 자신에게 부여된 천사 대장으로서의 큰 권능들을 스스로 절제하지 못함으로 말미암아 자유의지가 없음에도 불구하고 그의 마음 한편에 욕망의 싹이 움트게 되었던 것이다.

또한 전지전능하신 하나님의 권능으로서 현실에서의 이러한 루시퍼의 마음을 모두 꿰뚫어 보신 하나님이셨지만 진리이신 하나님의 위대하신 속성으로 인하여 그러한 루시퍼를 의심하기보다는 그가 마음을 다스려 돌이키길 간곡히 바라는 마음에 오히려 그에게 신뢰 어린 충고와 준엄한 경고만으로 대신하신 하나님이셨기 때문이다.

그러나 그 결과로 결국 루시퍼가 천국에서 하나님께 반기를 들게 됨으로 말미암아 루시퍼의 타락을 사전에 막지 아니한 하나님께 그 모든 책임을 돌리고자 하신 것이다.

흑암 속의 루시퍼에게 임한 하나님의 용서의 음성

자신에게 부여된 천사 대장으로서의 큰 권능들을 스스로 절제하지 못한 채 내적 욕망의 소리에 현혹되어 스스로 타락해 버린 루시퍼에 대해 오히려 그러한 그를 마음 깊이 긍휼히 여기신 하나님께서 이제 그에게 참회와 용서의 기회를 줌으로써 어지럽혀진 천국의 질서를 다시금 회복하고자 하시게 된다.

따라서 천사 대장의 직위와 큰 권능들을 모두 박탈당한 채 그의 뜻에 동조한 부하 천사들과 함께 영원한 결박으로 흑암 속에 던져져 끝없는 절망의 고통과 욕망의 갈등으로 울부짖으며 신음하는 루시퍼에게 마침내 그를 용서하고자 하시는 하나님의 음성이 임하시게 된다.

그 거룩하신 용서의 말씀은 다음과 같았으니, 천사 대장으로서의 큰 권능들을 자신의 부하 천사들을 선동하는 데 사용하여 감히 하나님의 나라인 천국에서 불순종의 반란을 일으키도록 조장한 행위만큼은 루시퍼가 먼저 인정하고 마음 깊이 진심으로 참회한다면 지난날 신비로운 땅 지구에 대한 과도한 애정과 집착으로 인해 하나님의 충고와 경고에 불순종하여 스스로 타락한 죄에 대해서는 그에게 책임을 묻지 아니하고 용서하여 루시퍼를 비롯한 부하 천사들의 지위를 다시금 회복시켜 줌으로써 어지럽혀진 천국의 질서를 바로잡아 본래의 선하신 하나님의 나라로 세우시겠다는 거룩하고 자비로운 음성의 말씀이셨다.

　하지만 자신을 용서하고자 하시는 하나님의 음성에도 불구하고 땅 위의 모든 생명체들로부터 경배를 받으며 경이롭고 아름다운 땅 지구를 자신이 지배하여 다스리고자 하는 끝없는 욕망과 갈등의 늪에 빠져 헤어 나오지 못한 루시퍼임으로 말미암아 듣지도 보지도 못한 아무 공로 없는 존재들을 천사들의 대장인 자신이 장차 영원토록 섬겨야 한다는 변함없으신 하나님의 의중을 재차 확인하고 그에 대한 극도의 분노로 저주의 화신, 곧 죄와 악의 결정체인 사탄으로 전락하게 되고 만다.

　이처럼 자신의 탐욕과 분노와 저주로 인해 죄와 악의 결정체인 사탄이 되어버린 루시퍼는 창조주 하나님에 대한 저주의 궤변과 창조사역을 부인하는 억지 주장을 자신을 창조하신 하나님을 향해 거침없이 토해내게 된다.

3
루시퍼의 궤변과 루시퍼가 흑암에서 혼자 풀려나게 된 이유

하나님을 향한 루시퍼의 어처구니없는 저주의 궤변과 그의 억지 주장은 다음과 같았으니, 하나님 이제 똑똑히 들으소서!

여태껏 하나님께 절대적인 충성을 바친 천사들의 대장인 나 루시퍼에게 하나님을 대신하여 신비로운 땅 지구를 다스릴 통치권을 여전히 허락하지 아니하신다면 회복된 천사 대장으로서의 직위와 권능이 나 루시퍼에게 무슨 의미가 있겠나이까?

이러한 점에 기인하여 내가 깊이 생각해 보건대 내가 언제 나 루시퍼를 창조해 주실 것을 하나님께 간청한 적이 있나이까?

내가 언제 나 루시퍼를 천사들의 대장으로 세워주실 것을 하나님께 요청한 적이 있나이까?

내가 언제 천사 대장으로서의 큰 권능을 나 루시퍼에게 부여해 주실 것을 하나님께 바란 적이 있나이까?

오직 하나님의 계획에 의해서 나 루시퍼를 창조하시고

오직 하나님의 필요에 의해서 나 루시퍼를 천사들의 대장으로 세우신 것이며 오직 하나님의 편리를 위해서 나 루시퍼에게 다른 천사들보다 뛰어난 권능과 권한을 부여하신 것 아니옵니까?

이로 인해 나 루시퍼가 스스로 타락하여 하나님께 불순종하고 부하 천사들을 선동하게 된 것이니 이 모든 잘못과 책임은 나 루시퍼에게 있는 것이 아니오라 이렇게 될 나 루시퍼를 손수 창조하신 하나님께 있는 것이오니 이 모두가 하나님의 책임이로소이다.

그러하오니 나에게 부하 천사들을 선동한 죄 또한 묻지 마시고 모든 책임을 오직 하나님 자신에게만 돌리소서.

또한 나 루시퍼가 여태껏 하나님의 창조사역을 지켜보건대 하나님께서 지구를 창조하시고 이제 그 땅을 다스릴 자를 짓고자 하시지만 지금의 나 루시퍼를 똑똑히 보소서.

하나님께 절대적인 충성과 복종을 하도록 지음받은 천사 대장인 나 루시퍼도 이렇듯 스스로 타락하여 하나님을 배신하게 되었는바 앞으로 창조될 그들 또한 나 루시퍼처럼 하나님을 배신하게 될 것은 당연한 이치인 것이며 설령 하나님이 나 루시퍼로 인하여 그들만큼은 스스로 타락하지 못하도록 완벽히 창조하실지라도 내가 만일 이곳에서 풀려나 흑암 속의 지금의 모습이 아닌 땅의 생물의 어떤 모양으로든 그들에게 다가가 말을 건넬 수만 있다면 나 혼자 그들을 찾아가 나의 한마디 말로 유혹하기만 하더라도 그들은 곧 하나님을 망각하여 배신하고 나 루시퍼를 섬겨 나의 종노릇하게 될 것이 분명하니 두고 보소서.

그러하오니 창조사역의 헛된 수고를 이제 멈추시고 이쯤에서 그만두시는 것이 내가 보기에 지극히 타당하도소이다.

그러나 만일 나의 바람대로 행하게 되었음에도 불구하고 땅 위의 그들을 나의 종노릇하게 못 한다면 그때에 나의 죄를 물어 천국에 들어온 나의 죄와 함께 나와 부하 천사들 역시 모두 죽여 일시에 멸하여 버리소서라는 궤변의 주장이었다.

이처럼 자신이 하나님이 되고자 했던 죄에 더하여 자신을 창조하신 하나님을 저주하고 나아가 하나님의 창조사역마저 송두리째 부인하는 루시퍼의 궤변과 그의 주장을 통해 하나님께선 그의 사악한 죄악성을 속속들이 모두 들여다보시게 된다.

이로 말미암아 창세전부터 영원 속에 스스로 존재하시며 죄와는 전혀 무관하신 진리이신 하나님께서 비로소 죄와 악의 속성과 그 실체 곧 죄의 개념과 그 본질을 명확히 인식하시게 됨에 따라 또 한 번의 이루 말로 할 수 없는 크나큰 충격을 받으시게 되고 만다.

이처럼 자신을 용서하여 천국의 질서를 회복하고자 하시는 하나님의 자비와 은총에도 불구하고 죄와 악의 결정체인 사탄이 되어 하나님을 저주하며 하나님의 창조사역을 부인하는 루시퍼를 목도하시게 됨으로 말미암아 천국에 들어온 불순종의 죄를 이젠 인정하실 수밖에 없으신 참담한 심정의 하나님께선 큰 슬픔과 깊은 고뇌 가운데 루시퍼의 주장대로 그를 흑암에서 먼저 풀어주어 땅으로 내쫓으시게 된다.

그뿐 아니라 세월이 지난 후에 큰 날의 심판인 대홍수를 앞두고 공중 권세 잡은 사탄의 요구에 의해 그의 부하 사자들 또한 흑암에서 모두 풀어주어 사탄이 먼저 내려가 있는 땅으로 그들 부하 귀신들을 내쫓으시기에 이른다.

(하나님께서 사탄의 부하 사자들을 뒤늦게 흑암에서 풀어주게 된 이유는 선악과 명령의 본질의 장에서 상세히 다루게 된다.)

불순종의 죄의 기원

이처럼 천국에 들어온 탐욕과 불순종의 죄의 문제를 반드시 해결하여 천국의 질서를 다시 회복하고자 하신 하나님의 수고와 노력이 죄와 악의 결정체로서의 사탄이 되어버린 루시퍼로 인하여 이루어질 수 없게 된다.

그로 인하여 아담의 불순종의 원죄로부터 7년 대환난 때까지 땅 위의 모든 죄악이 먼저 땅으로 쫓겨 내려간 사탄과 뒤늦게 흑암에서 풀려난 그의 부하 귀신들의 사악한 농간에 의해 지구 곳곳에서 저질러지게 된다.

이처럼 땅 위의 모든 죄악이 흑암에서 먼저 풀려나 땅으로 내쫓긴 사탄과 큰 날의 심판인 대홍수를 앞두고 뒤늦게 흑암에서 풀려나 땅으로 내쫓긴 그의 부하 사자들의 농간에 의한 죄악임을 유1:6, 벧후2:4~5, 계12:9에 그 증거로서 기록되게 된다.

또 자기 지위를 지키지 아니하고 자기 처소를 떠난 천사들을 큰

날의 심판까지 영원한 결박으로 흑암에 가두셨으며(유1:6)

하나님이 범죄한 천사들을 용서하지 아니하시고 지옥에 던져 어두운 구덩이에 두어 심판 때까지 지키게 하셨으며 옛 세상을 용서하지 아니하시고 오직 의를 전파하는 노아와 그 일곱 식구를 보존하시고 경건하지 아니한 자들의 세상에 홍수를 내리셨으며(벧후2:4~5)

큰 용이 내쫓기니 옛 뱀 곧 마귀라고도 하며 사탄이라고도 하며 온 천하를 꾀는 자라 그가 땅으로 내쫓기니 그의 사자들도 그와 함께 내쫓기니라(계12:9)

  이러한 맥락에서 볼 때 천사 대장 루시퍼의 타락은 앞으로 펼쳐질 인류 역사 속에서 하나님이 그토록 미워하시는 불순종의 죄의 기원이 되고 만다.

  따라서 하나님께선 하나님의 아들들인 천사로서의 거룩 성은 이미 궤멸되어 죄와 악의 결정체로서의 사탄이 되어버린 루시퍼와 그의 부하 사자들이 창조주 하나님으로서 베풀 수 있는 용서의 선을 이미 넘어버린 악의 존재들임을 큰 충격 속에 확연히 인식하시고서 그러한 루시퍼를 손수 지으신 창조주 하나님으로서의 깊은 고뇌와 슬픔 가운데 마음 깊이 흘러내리는 아픈 눈물을 멈출 수 없으시게 된다.

  하지만 그러한 슬픔 가운데서도 하나님께선 천국에 들어온 불순종의 죄가 장차 땅 위에 창조될 인류에게만큼은 한 치의 해악도 끼치지 못하도록 하기 위한 방안을 찾고자 아버지 하나님으로서 깊은 고뇌의 시간을 가지시게 된다.

 이러한 깊은 고뇌 가운데 마침내 하나님께선 루시퍼가 하나님을 향해 내뱉은 저주의 궤변과 그의 억지 주장들이 단지 자신만의 궤변에 불과하였음이 공의이신 하나님 보시기에 명백히 입증될 때, 천국에 들어온 자신의 죄와 함께 자신 역시 죽여 멸하여 달라는 그의 말대로 루시퍼와 그의 부하 귀신들을 완전히 진멸하고자 하시게 된다.

 즉 사탄이 내뱉은 자신의 궤변과 주장들이 결코 이루어질 수 없는 주장임을 사탄 스스로 인정하게 되었을 때에 스스로 타락하여 하나님께 반기를 든 불순종의 죄와 함께 자신을 용서하고자 하신 하나님을 저주하고 하나님의 창조사역을 송두리째 부인해 버린 그 죄악을 같이 물으시어 그들 타락 천사들과 더불어 완벽히 진멸하여 버림으로써 죄로 어지럽혀진 천국의 질서를 원래의 선하신 하나님의 나라로 회복하시기로 한다.

 따라서 하나님께선 모든 권능을 박탈당한 루시퍼가 궤변과 억지 주장으로 갈구하는 것을 들어주시되 그의 바람대로 흑암 속에서의 추악한 지금의 모습이 아닌 땅의 생물을 이용하여 그 형상으로 상대에게 말을 할 수 있는 능력만을 허락하신 후 루시퍼의 주장대로 그 혼자만을 먼저 흑암에서 풀어주는 형식으로 내쫓으시게 된다.

 이렇게 하신 이유는 루시퍼가 앞으로 창조될 인류, 즉 아담과 하와를 무너뜨리기 위해 그들을 유혹하러 올 것을 그의 궤변과 주장을 통해 확인하시게 된 하나님께서 그의 주장이 단지 궤변이었음이 명백히 입증될 때에 더는 설 자리가 없게 된 천국에 들어온 죄와 함께 루시퍼에 종속된 그들 타락 천사 모두를 일시에 완벽히 진멸하고자 하시는 뜻이었다.

따라서 하나님께선 사탄에게는 인류를 유혹할 유혹의 매개체로서, 장차 창조될 인류, 즉 아담에게는 사전에 사탄의 유혹을 차단하기 위한 하나님과 아담과의 소통의 매개체로서 선악을 알게 하는 나무를 에덴동산의 중앙에 지으실 것을 비로소 계획하시게 된다.

선악을 알게 하는 나무의 상징성

이러한 관점에서 볼 때 이후 하나님께서 에덴동산의 중앙에 창조하시게 될 선악을 알게 하는 나무에는 다음과 같은 두 가지의 상징적 의미가 있음을 확연히 깨닫게 하신다.

그것은 곧 선악을 알게 하는 나무가 사탄에게 있어서는 오직 인류를 무너뜨릴 유혹의 매개체로서의 의미만으로 인식되겠으나 하나님께 있어서는 선악과 명령에 대한 하나님과 아담과의 적극적인 소통을 통해 사전에 사탄의 유혹을 차단토록 하기 위한 하나님과의 소통의 매개체로서의 의미로 상징된다는 것이다.

그 명백한 증거의 말씀이 곧 여호와 하나님이 그 사람을 이끌어 에덴동산에 두어 그것을 경작하며 지키게 하시고(창2:15)의 말씀인바, 이 말씀은 에덴동산의 각종 나무들이 난 땅을 아담이 경작하며 동산 중앙의 생명나무와 선악을 알게 하는 나무를 지킬 것을 명령하신 것으로서 인류를 향하여 할 것, 즉 지킬 것을 최초로 명령하신 하나님의 명령 속에 인류를 향하여 하지 말 것을 최초로 명령하신 하나님의 깊으신 의중이 함축되어 있다는 사실이다.

즉 아담에게 할 것과 하지 말 것을 명령하신 이 말씀 속에서 아담과의 대화를 간곡히 바라고 계시는 하나님의 의중을 아담이 깊이 헤아려 하나님이 부여하신 자신의 자유의지로서 선악과 명령에 함축된 의문점 등을 주저함 없이 적극적으로 여쭈며 소통하기를 하나님께서는 간곡히 바라고 계셨던 것이다.

이는 곧 하나님이 부여하신 소중한 능력의 자유의지를 아담이 하나님과의 소통의 통로, 즉 대화의 통로로 온전히 사용하길 간곡히 바라셨던 것이다.

"이러한 관점에서 볼 때 하나님께서 에덴동산의 중앙에 선악을 알게 하는 나무를 지으신 진정한 이유는, 천국에 관한 복음과 인류에 관한 복음의 중심에 선악을 알게 하는 나무가 있음을 땅 위의 모든 인류에게 보여주고자 하심인 것이다."

4
사탄의 결의

 한편, 하나님의 깊은 고뇌와 그 뜻에 의해 흑암에서 부하 귀신들보다 먼저 풀려나게 된 사탄은 하나님을 향한 자신의 저주와 궤변에도 불구하고 자신이 주장한 내용을 별다른 조건 없이 허락하여 흑암에서 놓아준 하나님에 대해 자신의 주장에 설득된 것으로 여김에 따라 속으로 크게 비웃으면서도 마음 한편으로 근심하여 이르길, 지금은 내가 나의 입을 놀려 하나님에 의해 영원한 결박의 흑암에서 풀려나긴 하였으나 타락한 피조물에 불과한 내가 하나님의 깊은 의중을 도무지 알 수 없으니 장차 하나님의 벌을 결코 피할 수는 없으리라.
 그러니 내가 이제 땅으로 속히 내려가 하나님이 지어 장차 지구를 다스리게 할 존재를 내 눈으로 직접 확인한 후 기회를 보아 그를 나 루시퍼와 함께 철저히 파멸시켜 하나님의 창조사역을 반

드시 무너뜨리고 말리라는 비장한 결의를 하기에 이른다.

　따라서 하나님의 용서를 거부하면서까지 그토록 통치하기를 원했으나 결코 이루어질 수 없는 땅 지구를 향해 파괴와 분노의 화신이 되어버린 사탄이 우주의 별들 사이를 한달음에 지나 장차 땅을 다스리게 될 존재가 도대체 어떠한 존재인지를 자신의 눈으로 확인한 후 자신과 함께 파멸시켜 하나님의 창조사역을 기필코 무너뜨리고자 쏜살같이 땅으로 내려오게 된다.

　이에 관한 명백한 증거의 말씀이 곧 태초에 하나님의 말씀으로 계신 그리스도의 증언이신바,

　예수께서 이르시되 사탄이 하늘로부터 번개같이 떨어지는 것을 내가 보았노라(눅10:18) 하신 말씀인 것이다.

　(이후의 내용은 제3부 선악과 명령의 본질의 장에서 계속 이어지게 된다)

제2부

첫째 날의 빛의 의미

1: 태초에 하나님이 천지를 창조하시니라

2: 땅이 혼돈하고 공허하며 흑암이 깊음 위에 있고 하나님의 영은 수면 위에 운행하시니라

3: 하나님이 이르시되 빛이 있으라 하시니 빛이 있었고

4: 빛이 하나님이 보시기에 좋았더라 하나님이 빛과 어둠을 나누사

5: 하나님이 빛을 낮이라 부르시고 어둠을 밤이라 부르시니라 저녁이 되고 아침이 되니 이는 첫째 날이니라 (창1:1~5)

1

첫째 날의 빛의 정체성과 역할

하나님이 이르시되 빛이 있으라 하시니 빛이 있었고 (창1:3)

우주와 시간의 시작을 선포하신 창조주 하나님의 최초의 이 말씀은 과연 누구를 대상으로 하는 명령의 말씀일까?

그 대상이 무엇이든 피조물로서의 빛을 창조하시기 위한 명령의 말씀일까?

아니면 피조물인 우리들로선 도저히 이해할 수 없는 그 어떠한 신비로운 빛을 창조하시기 위한 말씀일까?

해와 달과 별들을 창조하시기 전에 먼저 빛이 있으라 명령하신 하나님께서 첫째 날의 빛의 의미와 그 정체성에 대해 우리 인류가 어떻게 이해하며 우리의 삶 속에 적용하길 바라고 계시는 것일까?

이 물음에 관하여 하나님께선 오직 진리의 말씀인 성경 안에서 그에 대한 답을 찾도록 인도하신다.

그 말씀이 곧 계21:23의 그 성은 해나 달의 비침이 쓸 데 없으니 이는 하나님의 영광이 비치고 어린 양이 그 등불이 되심이라는 말씀이다.

이는 삼위일체의 하나님께서 영원부터 능력과 생명의 빛의 근원으로서 스스로 존재하시는 하나님이심을 명백히 증언하고 계시는 말씀이다.

따라서 창1:3의 말씀을 피조물인 우리들의 관점이 아닌 창조주이신 하나님의 관점에서 생각하게 되면 빛이 있으라는 창조주 하나님의 최초의 말씀은 곧 진리이시고 빛의 근원이신 하나님께서 스스로 있는 자이신 하나님을 향하여 하신 말씀임을 명확히 깨닫도록 하신다는 것이다.

정확히 말해 성부 성자 성령의 삼위일체이시며 하나님의 말씀이신 독생자 예수 그리스도를 향하여 하신 명령의 말씀임을 깨닫게 하시는 것이다.

이러한 관점에서 볼 때 계21:23의 말씀은 능력과 생명의 영화로운 빛, 곧 성부 하나님의 영광이 독생자 어린 양이신 그리스도를 비치심으로 말미암아 그리스도가 등불이 되어 하나님의 나라인 천국을 영원토록 밝히고 나아가 첫째 날의 빛으로서 흑암의 우주와 지구를 밝히 비추게 됨을 의미하는 것이다.

이러한 진실에 근거하여 창1:1~3의 각 구절의 말씀을 깊은 기도 가운데 성령의 인도하심을 따라 온전히 하나님의 시각에서 바라보게 되면 이 말씀 속에 함축된 보다 더 구체적인 놀라운 진실을 확연히 깨닫게 해주신다.

즉 창1:1에서는 성부 하나님께서 태초에 천지, 곧 흑암의 우주 공간과 지구를 손수 창조하심을 나타내고 계시며,

창1:2에서는 성령 하나님께서 깊은 흑암의 우주 공간에 수소와 산소원자의 물 분자로 이루어진 감히 상상할 수 없을 엄청난 규모의 물이 지구 주위를 에워싼 채 있게 하시고 지구의 흙 가운데 적정량의 수분이 함유되도록 하신 다음 지구를 에워싼 엄청난 규모의 수면 위를 영이신 성령 하나님이 친히 품고 운행하심을 보여주고 계신다.

이때 아직 중력의 작용이 없음에도 불구하고 수면 위를 운행하시는 성령 하나님께서 물과 함께 지구를 품어 안아 지구의 중심을 바로 세우신 후 하나님이 정하신 위치에서 스스로 자전하도록 이끄시게 된다.

뿐만 아니라 물과 흙이 생명의 근원이 되도록 하기 위하여 어미 닭이 알을 품듯 물과 지구를 성령 하나님이 친히 품어 안아 수면 위를 운행하심으로써 아직 공기가 없어 대기권이 형성되지 아니한 지구임에도 불구하고 장차 모든 생명의 삶의 터전이 될 땅으로 준비하시게 된다.

이처럼 시간이 시작되기 전인 태초에 성부와 성령 하나님의 일하심으로 말미암아 태초 우주의 공간에 생명의 근원인 흙과 물의 기원이 비롯되었음을 창1:1~2의 말씀을 통하여 명확히 깨닫도록 하시는 것이다.

또한 창1:3에서는 첫째 날 빛이 있으라는 성부 하나님의 말씀에 따라 말씀이신 성자 하나님께서 친히 생명의 빛이 되셔서 깊은 흑암의 혼돈과 공허의 장막을 걷어내고 지구를 에워싼 엄청난 규모의 물과 수분이 함유된 지구의 땅을 넷째 날의 광명체들이 창조되기 전까지 계속하여 비추시게 된다.

이처럼 물과 지구를 품어 안고 수면 위를 운행하시는 성령 하나님의 돌보심과 첫째 날 생명의 빛에 의한 열에너지에 의해 우주 공간의 물과 땅속의 수분의 온도가 적정히 유지됨으로 인하여 지구를 에워싼 엄청난 규모의 물과 땅의 흙에 섞인 적정량의 수분 속에 마침내 모든 생명체의 세포를 이룰 단백질을 합성할 여러 종류의 아미노산이 생성되는 놀라운 기적이 일어나게 된다.

뿐만 아니라 무기물질에 지나지 않던 땅의 흙 역시 첫째 날 생명의 빛에 의해 지구의 토양이 유기물인 미네랄 성분의 토양으로 그 성분이 바뀌게 되는 기적이 일어나게 된다.

또한 아미노산이 함유된 흙 속의 수분이 첫째 날의 빛에 의해 안개 형태로 땅에서 올라와 미네랄 성분의 토양으로 바뀐 지구의 온 지면을 적시게 함으로써(창2:6) 장차 지구가 모든 생명의 시작점이 되도록 하신다.

이러한 가운데 유기물인 미네랄 성분의 토양으로 바뀌게 된 지구를 첫째 날의 생명의 빛이 계속하여 비춤으로 말미암아 적정량의 아미노산의 수분이 함유된 미네랄 성분의 땅의 흙 속에서 마침내 생명의 싹이 움트게 되어 셋째 날부터 여섯째 날에 이르기까지 하나님의 명령을 기다리게 된다.

이는 곧 성부 성자 성령의 삼위일체이신 하나님께서 엿새 동안의 위대하신 천지창조의 사역을 이루시기 위하여 삼위일체의 각 위의 완전하신 하나님으로서 순차적으로 역사하시며 일하고 계심을 창1:1~3 말씀을 통하여 상세히 보여주고 계시는 것이다.

이는 창조주 하나님께서 실체가 없는 흑암의 허공을 대상으로 명령하여 피조물로서의 빛을 창조하시거나 우리가 이해할 수 없는 어떤 신비로운 빛을 창조하신 것이 결코 아니라는 진실을 말씀의 묵상을 통하여 온 인류가 온전히 깨닫기를 하나님께선 간곡히 바라고 계시는 것이다.

성경에 기록된 것처럼 둘째 날부터 여섯째 날까지의 창조주 하나님의 명령에는 반드시 그 명령에 순응하여 반응하는 대상, 즉 물과 하늘의 궁창과 땅이 있었다는 사실은 우리가 성경을 통해서 익히 알고 있는 내용이다.

그러나 빛이 있으라는 하나님의 첫째 날 명령 시엔 태초에 창조하신 천지, 즉 흑암의 우주 공간과 지구 그리고 지구를 에워싼 가늠할 수 없을 엄청난 규모의 물(창1:6~8)만이 흑암의 우주 공간에 존재한 사실을 간과하지 말아야 할 것이다.

하지만 이들은 결코 빛의 발광체, 즉 빛의 발원체가 될 수 없는 존재들이기에 첫째 날 빛이 있으라는 하나님의 명령에 순응하여 반응하는 대상이 될 수 없음은 명백한 사실이다.

그러므로 빛이 있으라는 하나님의 최초의 말씀은 곧 삼위일체이시며 만물의 근원이신 예수 그리스도께서 온 우주에 존재하심을 선포하신 말씀임을 분명히 인식해야 하는 것이다.

왜냐하면 말씀이신 첫째 날의 그리스도의 빛에 의해 우주와 시간의 시작과 함께 소중한 땅 지구가 모든 생명의 시작점이자 인류의 삶의 터전이 되도록 하시고자 함이 이 말씀의 궁극적 의미이기 때문이다.

수면 위를 운행하시는 하나님의 영의 상징성과 역할

그렇다면 지구를 에워싼 우주 공간의 가늠할 수 없을 엄청난 규모의 수면 위를 운행하시는 하나님의 영(창1:2)이 상징하는 바는 무엇일까?

그것은 곧 온 우주에 가득한 창조주 하나님의 전지전능하신 권능과 알파와 오메가이시며 진리이신 절대자로서의 위엄을 상징하는 의미인 것이다.

이는 또한 성령 하나님의 전지전능하신 권능이 광활한 우주 공간에 홀로 떠 있는 지구를 어미 닭이 알을 품듯 품어 안아 그 중심을 바로 세워 자전토록 하시고 지구가 생명의 근원이 되도록 하기 위하여 흙과 물이 적정한 비율로 함께 섞이게 하심으로써 장차 지구가 모든 생명의 시작과 처소가 되도록 품어 안으신 가운데 인류의 삶의 터전이 될 땅으로 준비하고 계심을 나타내고 있는 것이다.

이러한 준비하심 가운데 미래의 인류를 향한 하나님의 선하시고 거룩하신 뜻에 따라 빛이 있으라는 성부 하나님의 말씀이 첫째 날 선포되자 어린 양의 등불로서 하나님 나라인 천국을 환히 밝히던 그리스도께서 능력과 생명의 빛으로 발현하시어 삼위일체 하나님의 거룩한 영의 세계를 건너 피조물인 물리적 세계의 지구를 마침내 밝히 비추시게 된 것이다.

　이로써 지구를 에워싼 깊은 흑암 속의 혼돈과 공허의 장막이 모두 걷히고 축복의 땅 지구가 생명의 땅으로서의 시작을 알리며 인류의 삶의 터전이 될 아름답고 신비로운 모습을 첫째 날의 그리스도의 빛 가운데 비로소 환히 드러내게 된 것이다.

2

물과 흙 속의 눈에 보이지 아니하는 것들의 기원

(아미노산, 미네랄, 박테리아: 세포의 기원)

첫째 날 빛이 있으라 하신 하나님의 말씀에 따라 그리스도의 강렬한 생명의 빛이 흑암의 우주 공간을 환히 밝히며 지구를 에워싼 가늠할 수 없을 엄청난 규모의 물을 관통하여 비추는 가운데 적정량의 수분이 함유된 지구의 땅 또한 계속하여 비추며 우주 공간에 있게 된다.

이처럼 빛이 있으라 하신 하나님의 말씀대로 첫째 날의 그리스도의 빛이 넷째 날의 해와 달과 별들이 창조되기 전까지 우주 공간에 있는 가운데 지구를 에워싼 엄청난 규모의 물과 적정량의 수분이 함유된 지구의 땅을 비춤으로써 지구의 자전에 따라 낮과 밤이 구분되어 비로소 시간이 시작된다.

이렇듯 시간의 시작과 함께 수소와 산소원자, 즉 H2O의 물 분자로만 이루어져 지구를 에워싼 우주 공간의 물의 중심에 그리스도의 강렬한 생명의 빛이 존재하게 됨으로 말미암아 무기물에 지나지 않던 흑암 속 우주 공간의 물속에 놀라운 생명의 역사가 시작되게 된다.

즉 첫째 날 생명의 빛에 의한 열에너지에 의해 우주 공간의 물이 적정한 온도를 유지할 수 있게 된 것인바, 적정한 물의 온도가 유지되는 가운데 물의 중심에서 생명의 빛이 역사하심으로 말미암아 모든 생명체의 세포를 이룰 단백질을 합성할 유기화합물의 아미노산이 지구를 에워싼 우주 공간의 물속에 마침내 생성되는 놀라운 기적이 일어나게 된 것이다.

이는 하나님께서 땅의 흙으로 사람을 지으시고 하나님의 생기를 그 코에 불어넣으심으로써 사람이 생령이 되었듯이 태초에 지구와 함께 흑암의 우주 공간에 지은 바 되어 H_2O 분자의 무기물에 지나지 않던 물이었으나 만물의 근원이신 그리스도의 생명의 빛이 물의 중심에서 머물며 역사하심으로 말미암아 유기화합물로서 단백질을 합성할 아미노산이 존재하는 물, 곧 생명의 근원인 살아 있는 물로 거듭나게 된 것이다.

그뿐 아니라 지구의 흙과 섞인 적정량의 수분 가운데에서도 우주 공간의 물과 같이 첫째 날의 생명의 빛이 역사하심으로 말미암아 수분의 적정한 온도가 유지되는 가운에 단백질을 합성할 아미노산이 지구 토양 속의 수분에도 생성되는 기적이 있게 된다.

또 한 가지 놀라운 사실은, 태초에 지은 바 되어 무기물질에 지나지 않던 지구의 땅이었으나 첫째 날부터 넷째 날에 이르기까지 지속적으로 비추는 그리스도의 생명의 빛으로 인하여 아미노산이 함유된 적정량의 수분이 섞인 땅의 흙에서 최초의 광합성 작용이 일어나게 됨으로 말미암아 무기물질에 지나지 않던 지구의 흙이 마침내 유기물인 토양으로 그 성분이 바뀌는 놀라운 기적이 일어나게 되었다는 사실이다.

이로 말미암아 지구의 흙 속에 생명체의 구성과 기능 유지의 필수 영양소인 칼슘, 칼륨, 나트륨, 마그네슘, 인, 황, 철, 구리, 망간, 아연, 요오드, 셀레늄, 몰리브덴 등의 미네랄 성분이 비로소 생성되게 된다.

이로써 태초의 흑암 속에 지은 바 되어 무기물질에 지나지 않던 물과 흙이 첫째 날의 그리스도의 생명의 빛에 의해 그 중심에 유기화합물인 아미노산과 필수 영양소인 미네랄 성분을 각기 함유하게 됨으로써 마침내 생명의 근원으로 발돋움하게 된다.

그러하신 후 하나님께서 아미노산이 함유된 지구 토양 속의 수분을 첫째 날의 빛에 의해 안개 형태로 땅에서 올라오게 한 후 지구의 온 지면을 적시게 함으로써(창2:6) 미네랄 성분의 지구의 토양은 생명 탄생의 준비와 그 적응기를 갖게 된다.

(이는 둘째 날, 아미노산이 함유된 궁창 아래의 물이 일시에 지구로 떨어져 오랜 기간 동안 미네랄 성분의 땅을 완전히 잠기게 할 것을 아시는 하나님이시기에 이에 대한 대비로써 아미노산이 함유된 짙은 안개를 이용하여 미네랄 성분의 땅의 온 지면을 촉촉이 적시게 함으로써 물에 대한 지구 토양의 적응력을 향상시키기 위한 하나님의 세밀한 계획이셨다)

이후 둘째 날엔 하나님께서 지구를 에워싼 우주 공간의 감히 상상할 수 없을 엄청난 규모의 물 가운데 궁창을 만드시고 궁창 위의 물과 궁창 아래의 물로 나뉘게 하시는바(창1:6~7), 이때 아미노산이 함유된 궁창 위의 물이 창조주 하나님의 섭리에 의해 우주 공간에 머물게 됨으로써 궁창 위의 물의 상당량이 이후 넷째 날 창조된 헤아릴 수 없이 수많은 우주의 별들 중 태양계의 일부 행성들의 중력에 의해 흡수되거나 수증기 또는 얼음의 형태로 행성의 주변에 머물게 된다.

(참고로, 2020년 오시리스-렉스 우주 탐사선이 소행성 베누에서 채취한 121그램의 돌 조각 샘플을 2023년 9월 지구로 귀환하여 분석한 결과 그 샘플로부터 생명체를 구성할 다양한 33종의 아미노산과 DNA의 주요성분이 검출된 것과 관련한 논문이 2025년 1월 29일 영국 과학 학술지인 《네이처》에 실리게 된다. 이는 곧 첫째 날의 빛에 의해 여러 종류의 아미노산이 함유된 궁창 위의 물이 넷째 날 창조된 별들 중 태양계의 일부 행성들의 하나인 베누의 중력에 의해 흡수됨으로 말미암아 33종의 아미노산이 함유된 상당량의 물이 어떤 형태로든 소행성 베누에서 일정 기간 존재했다는 명확한 증거인 것이다. 단, 지구 대기권 밖의 행성들은 지구와 달리 생명체를 구성할 환경적 요건이 부적합함으로 인하여 박테리아와 같은 미생물의 생명체는 베누에서 발견되지 않았다는 사실이다)

이렇듯 지구를 비추는 첫째 날의 생명의 빛과 물의 아미노산과 흙의 미네랄의 상호작용 가운데 전지전능하신 하나님의 창조섭리에 따라 적정량의 수분이 함유된 지구의 흙 속에서 마침내 생명의 싹인 단세포 생물의 박테리아가 최초로 출현하기에 이른다.

여기서 생명의 싹이 상징하는 바는, 첫째 날의 생명의 빛에 의해 흙의 수분 속에 생성된 아미노산과 흙의 미네랄의 상호작용 가운데 하나님의 창조섭리에 의하여 수분이 함유된 지구의 흙 속에서 마침내 생명체를 구성할 DNA와 RNA의 핵산염기를 갖춘 인류 최초의 세포, 곧 우주 최초의 세포의 기원이 비롯되었음을 상징하는 의미인 것이다.

이렇듯 위와 같은 사실이 의미하는 바는, 하나님이 태초에 창조하신 지구가 곧 모든 생명체의 세포의 기원이며 처소라는 사실을 명백히 증명하고 있음을 의미하는 것이다.

여기서 간과하지 말아야 할 중요한 사실은, 첫째 날 빛이 있으라 하신 하나님의 말씀대로 그리스도의 생명의 빛이 우주 공간에 있음으로 말미암아 시간이 시작된 이후 지구의 토양에서 최초의 단세포 생물인 박테리아가 출현하여 흙의 미네랄 성분을 흡수하며 자가 증식 하는 가운데 셋째 날부터 여섯째 날에 이르기까지의 하나님의 명령을 기다리게 되는바, 이는 곧 지구의 토양에서 모든 생명체의 세포가 비롯되었을지라도 셋째 날부터 여섯째 날에 이르기까지 그것들 위에 하나님의 명령의 말씀과 하나님의 호흡의 생기가 임하지 아니하였다면 토양 속 생명체는 단지 미생물로서 흙 속의 박테리아로만 머물 수밖에 없음을 명확히 보여주고 있다는 사실이다.

왜냐하면 사람을 제외한 지구의 모든 생물은 오직 창조주 하나님의 명령과 말씀의 권능에 의해 각기 종류대로 그 형체를 갖추어 셋째 날부터 여섯째 날에 이르기까지 하늘과 바다와 땅 가운데 그 모습을 비로소 드러낼 수 있었기 때문이다.

이처럼 창조주 하나님의 말씀의 권능과 하나님의 호흡의 생기에 의해 지금의 형체를 갖추어 하나님이 창조하신 지구에 존재하게 된 사람을 비롯한 모든 생명체는 창조주 하나님의 깊으신 뜻에 따라 채소와 열매의 씨앗을 통해서 또는 개체별 교배를 통해서 그 종이 번식하게 되는바, 하나님의 형상을 따라 하나님의 모양대로 지음받은 사람은 오직 남자와 여자의 혼인을 통해서 그 자손들이 땅 위에 번성하는 것이 하나님의 뜻에 합당한 것이다.

이에 하나님께선 땅 위에 번성하여 충만하게 된 사람으로 하여금 바다의 물고기와 하늘의 새와 땅에 움직이는 모든 생물을 정복하고 다스리도록 주관하시게 된다.

이는 전지전능하신 하나님의 창조섭리에 따라 생명체의 원형질을 구성하는 세포 속의 유전인자가 우리 인류의 후손들에게 계속하여 유전되도록 하는 것과 동식물의 종에게도 계속하여 유전되도록 하는 것이 창조주 하나님의 뜻임을 상징하는 것이다.

하지만 이러한 진실에도 불구하고 생명의 근원인 물을 비롯하여 생명체의 외계 유입설을 꾸준히 주장하는 세상 과학자들이 참으로 안타까울 뿐이며, 따라서 창세기 1장~11장의 말씀 속에 함축된 하나님의 의중, 곧 말씀의 본질을 오늘날 교회가 분명한 사명의식을 가지고 우리의 후대들에게 올바로 가르쳐 전하도록 해야 함을 다시금 마음 깊이 생각하게 한다.

세상의 생명 과학자들이 그토록 밝혀내고자 애쓰는 생명의 기원, 즉 세포의 기원은 온 우주 가득한 전지전능하신 성부 성자 성령의 삼위일체 하나님의 지혜와 말씀의 권능이 곧 우주 만물과 생명의 기원이며 모든 생명은 오직 생명에서 비롯된다는 진리를 온 인류가 이제부터라도 마음 깊이 깨닫도록 해야 할 것이다.

이에 관한 명백한 증거의 말씀이 곧 "태초에 말씀이 계시니라 이 말씀이 하나님과 함께 계셨으니 이 말씀은 곧 하나님이시니라 그가 태초에 하나님과 함께 계셨고 만물이 그로 말미암아 지은 바 되었으니 지은 것이 하나도 그가 없이는 된 것이 없느니라 그 안에 생명이 있었으니 이 생명은 사람들의 빛이라(요1:1~4)"는 말씀인 것이다.

요1:1~4의 말씀을 한 구절로 표현한다면, "말씀 = 하나님 = 생명 = 빛"으로 표현할 수 있는바, 이는 말씀이 빛이 되신 첫째 날의 빛의 중심에 생명이신 하나님이 존재하심을 상징하는 의미인 것이다.

한마디로 성부 하나님에 의해 천지가 창조되고 성령 하나님에 의해 생명이 준비되고 빛이신 성자 하나님에 의해 생명이 시작되어 삼위일체 하나님의 말씀과 호흡에 의해 생명이 완성된 것임을 의미하는 것이다.

흑암(어둠)의 본질

여기서 한 가지 유념해야 할 점은 태초의 깊은 흑암, 즉 어둠은 빛과는 달리 발원체가 없음에도 불구하고 하나님의 창조섭리에 의해 태초부터 현재에 이르기까지 전 우주를 망라하여 부동의 형태로 항상 그 자리에 존재하고 있다는 사실이다.

하지만 어둠은 발원체가 없음으로 인하여 빛이 임하는 곳에선 흔적도 없이 그 자취를 감출 수밖에 없는 비실체적 존재라는 점이다.

그러나 흑암, 곧 어둠의 본질을 하나님의 관점에서 들여다보면, 천사 대장 루시퍼의 타락과 그로 인한 아담 하와의 선악과 명령의 불순종의 원죄로 인하여 인간의 마음이 어두워지기 전인 태초의 흑암은 우리들이 생각하고 있는 것처럼 공포나 악을 상징하는 부정적 의미의 존재가 결코 아니라는 것이다.

오히려 태초의 흑암은 빛이 임하는 곳에선 자신의 존재를 감추고 오직 그 빛만을 온전히 드러내도록 하는 역설적 의미의 존재라는 사실이다.

따라서 태초의 흑암은 전지전능하신 하나님만이 창조하실 수 있는 놀랍고 신비로운 창조적 권능의 산물인 것이다.

이에 관한 명백한 증거의 말씀이 곧 "나는 빛도 짓고 어둠도 창조하며 나는 평안도 짓고 환난도 창조하나니 나는 여호와라 이 모든 일들을 행하는 자니라(사45:7)" 하신 말씀이다.

(단, 첫 구절의 나는 빛도 짓고의 빛의 의미는, 넷째 날 하나님의 명령에 의해 창조되어 지구를 비추게 된 해와 달과 별들처럼 자연현상에 의해 발생되는 모든 빛을 의미하는 것이다)

이와 같은 관점에서 볼 때 창1:31의 하나님이 지으신 그 모든 것을 보시니 보시기에 심히 좋았더라는 말씀에서처럼 하나님께서 엿새 동안의 창조사역을 다 이루신 후 지으신 그 모든 것을 보시고 하나님의 크게 기쁘신 마음을 표현하신 진정한 뜻은 태초에 창조된 지구의 모습이 비록 깊은 흑암 속의 혼돈과 공허의 모습일지라도 창조주 하나님의 엿새 동안의 그 모든 창조사역이 미래의 인류를 향한 하나님의 깊은 사랑과 선하신 뜻으로 시작된 것이 분명함을 나타내시고자 함인 것이다.

따라서 혼돈과 공허의 깊은 흑암 속의 태초의 지구와 지구를 에워싼 감히 상상할 수 없을 엄청난 규모의 물의 존재와 지구를 품고 수면 위를 운행하시는 하나님의 영과 지구의 자전 등은 태초의 깊은 흑암과 함께 하나님의 창조섭리의 주요 법칙에 속하는 내용들인 것이다.

또한 위와 같은 모습들이 바로 태초, 즉 첫째 날 이전에 하나님이 손수 창조하신 지구를 중심으로 한 시간이 시작되기 전의 태초 우주의 모습인 것이다.

3
창세기1:1 및 요한복음1:1의 태초의 개념과 그 의미

다만 여기서 주의해야 할 점은 성경의 모든 말씀 중 특별히 창세기 1장~11장의 말씀은 창조주 하나님의 깊으신 뜻에 의해 그 내용과 의미가 상당히 함축되어 기록된 말씀인 만큼 이 말씀을 하나님의 의중에 맞게 올바로 해석하고 이해하기 위해선 먼저 이 말씀에 대한 깊은 기도와 함께 겸손한 마음으로 태초에 천지를 손수 창조하신 하나님의 시각과 관점에서 이 말씀을 바라보며 해석해야 한다는 것이다.

왜냐하면 자칫 피조물에 불과한 우리들의 과학적, 학문적 지식이나 사고의 잣대로 창조주 하나님이 손수 이룩하신 창조사역의 거룩한 일들을 섣불리 판단하고 조급한 해석을 함으로 말미암아 피조물인 우리의 생각의 틀에 전지전능하신 하나님을 가둔 채 왜곡된 성경지식을 후대들에게 전함으로써 오히려 혼란을 가중하는 잘못을 범해서는 결코 안 되기 때문이다.

　이러한 사실에 비추어 볼 때 특히 창1:1~2절의 말씀은 성경 66권에 기록된 창조주 하나님의 말씀이 시작되는 첫 구절의 말씀으로서 여기엔 천지를 창조하시는 전지전능하신 하나님의 크고 강한 능력의 역사가 함축되어 선포된 말씀이다.

　그중에서도 특히 성경의 첫 단어에 해당되는 말씀인 창1:1의 태초의 용어에 함축된 내용이 과연 무엇을 의미하는지에 대해 깊은 기도로써 성령의 가르침을 간구해야 할 것이다.

　우리들의 과학적 사고와 생각으론 태초의 개념이 시간을 의미하는 것이 분명하지만 태초에 천지를 손수 창조하신 하나님의 관점에서 이를 생각하게 되면 이는 우리들 피조물의 물리적 시간의 개념이 아닌 창세전부터 스스로 존재하시는 창조주 하나님의 시간과 공간, 곧 물리적 시간이 시작되기 전의 창조주 하나님의 위대하신 창조 영역의 개념이 함축된 내용임을 깨닫게 하신다는 것이다.

　이와 관련한 명백한 증거의 말씀이 곧 요한복음1:1의 태초에 말씀이 계시니라의 태초의 개념인 바 창1:1의 태초와 요1:1의 태초의 의미가 동일한 개념의 용어임은 분명한 사실인 것이다.

　따라서 이를 태초의 하나님의 관점에서 생각하게 되면 요1:1의 태초의 개념 역시 우리들 피조물의 물리적 시간의 개념이 아닌 창세전부터 스스로 존재하시는 창조주 하나님의 시간과 공간, 곧 물리적 시간이 시작되기 전의 전지전능하신 하나님의 절대주권의 영역을 의미하는 내용의 말씀임을 창1:1~2절의 말씀과 함께 상고하여 볼 때 더욱 명확히 깨닫도록 하시는 것이다.

한마디로 삼위일체이신 성부 성자 성령 하나님께서 물리적 시공간의 시작됨을 근간으로 하여 태초에 존재하시게 된 것이 결코 아니라는 것이다.

이는 창1:2의 태초에 수면 위를 운행하고 계시는 하나님의 영을 바라볼 때 더욱 분명해지는바, 첫째 날의 시간이 시작되기도 전에 창조주 하나님의 깊으신 뜻이 계심으로 말미암아 인류의 삶의 터전이 될 지구를 온 우주에 가득한 하나님의 영, 곧 전지전능하신 창조주 하나님의 권능이 우주 공간의 엄청난 양의 물과 함께 품어 안아 운행하시는 가운데 물과 땅의 흙이 생명의 근원이 되도록 준비하고 계셨던 것이다.

다시 말해 창세전부터 영원 속에 스스로 있는 자이신 하나님께서 태초, 곧 전지전능의 창조의 영역과 절대주권의 영역에서 성부 성자 성령의 삼위일체의 완전하신 하나님으로서 존재하시며 위대하신 천지창조의 역사를 실행하고 계셨다는 것이 창1:1과 요1:1의 태초의 용어에 함축된 진정한 내용인 것이다.

이러한 사실에 비추어 볼 때 지구에서의 시간의 시작은 첫째 날 빛이 있으라는 창조주 하나님의 최초의 말씀이 선포되어 생명의 빛이 있게 된 첫째 날에 비로소 태초에 창조된 우주와 지구에 물리적 시간이 시작된 것이며 우주 만물에 질서가 있게 된 것이다.

이처럼 첫째 날의 빛에 의해 시간이 시작됨에 따라 그 시간의 흐름 속에서 항상 과거에 머무를 수밖에 없는 피조물인 우리들과는 달리 영이신 하나님께선 시간의 주관자로서 시간 밖에 존재하시되 항상 현재의 시각으로 우주 만물의 모든 상황을 바라보신다는 것이다.

즉 하나님 앞에서의 시간의 의미란 항상 현재임을 뜻한다는 것이다.

왜냐하면 시간의 시작과 마침을 주관하시는 주체가 곧 알파와 오메가이신 하나님이시기 때문이다.

그뿐 아니라 영이신 하나님께선 이러한 물리적 시간과 공간을 그 뜻에 따라 언제든 초월하시어 영원 속에 스스로 존재하시는 가운데 우주 만물과 인류 역사를 통찰하고 계시는 참으로 위대하시고 신묘막측하시며 유일하신 분인 것이다.

참으로 놀라운 사실은 이처럼 유일하시며 위대하신 하나님께서 스스로 낮추시어 우리들의 삶 속에 들어오셔서 지금 이 순간에도 내 곁에 늘 함께하시며 동행하고 계시는 우리들의 아버지 하나님이시란 사실이다. 아멘!

태초의 하늘과 땅의 내력

이렇듯 지구는 하나님의 특별하신 수고와 창조적 섭리에 의해 태초, 즉 첫째 날 이전에 창조된 것이 분명한 만큼 태초에 천지가 창조될 때의 하늘과 땅의 내력, 즉 흑암의 우주 공간 속의 지구의 모습이 성경에 상세히 묘사되어 있음을 알 수 있다.

곧 태초에 여호와 하나님이 땅과 하늘을 만드시던 날에 물로

둘러싸여 있는 혼돈과 공허의 깊은 흑암 속의 지구를 하나님의 영이 물과 함께 친히 품고 그 수면 위를 운행하고 계셨는바(창1:2), 여호와 하나님이 땅에 비를 내리지 아니하셨고 땅을 갈 사람도 없었으므로 들에는 초목이 아직 없었고 밭에는 채소가 나지 아니한 상태였으나 빛이 있으라 하신 하나님의 명령이 있음으로 말미암아 첫째 날의 빛에 의해 안개가 땅에서 올라와 온 지면이 적셔진(창2:4~6) 모습이 곧 태초에 천지가 창조되던 때와 첫째 날 빛이 있게 된 때의 하늘과 땅의 내력임을 상세히 보여주고 있는 것이다.

또한 하나님께선 이러한 내용을 출애굽 시대에 부름받은 모세를 통하여 모세오경에 해당되는 내용을 성령의 감동에 의해 기록(B.C. 1440년경)하게 하시면서 그에게 창1:1~2의 천지가 창조되던 태초의 모습 또한 보여주심으로써 이를 기록하게 하였다는 사실이다.

단, 빛이라곤 전혀 없는 흑암 속의 태초의 모습을 모세와 같이 성령의 감동에 의해서가 아닌 인간의 육안으로 본다는 것은 현실적으론 절대 불가능한 일이다.

따라서 창조주 하나님의 특별하신 수고와 창조섭리에 의해 태초, 즉 첫째 날 이전에 이미 창조된 깊은 흑암 속의 지구는 수면 위를 운행하시는 성령 하나님의 역사하심으로 말미암아 땅속에 수분이 함유된 견고한 형태로 우주 공간에 존재하게 된 것이 분명한 사실이지만 빛 한 줄기 없는 태초의 흑암 속에 완전히 파묻혀 있음으로 인하여 만일 이를 인간의 육안으로 바라보게 된다면 마치 상하좌우 구별이 없는 무질서와 같은 혼돈함과 흑암에 파묻힌 그 형체를 도무지 알아볼 수 없어 마치 텅 빈 흑암 속과 같은 공허함으로 보이게 되는 상태가 곧 창1:2의 "땅이 혼돈하고 공허하며"라는 말씀에 내포된 의미인 것이다.

이는 하나님께서 지구 자체를 혼돈과 공허의 상태로 창조하신 것이 결코 아니라는 뜻을 나타내고 계신 것이며 이러한 해석이 하나님의 시각에서 바라보는 혼돈과 공허의 의미에 관한 창1:2의 올바른 해석임을 깊은 묵상과 기도 가운데 깨달을 수 있어야 할 것이다.

이에 관한 명백한 증거의 말씀이 이사야 45:18의 말씀인바, 하늘을 창조하신 이 그는 하나님이시니 그가 땅을 지으시고 그것을 만드셨으며 그것을 견고하게 하시되 혼돈하게 창조하지 아니하시고 사람이 거주하게 그것을 지으셨으니 나는 여호와라 나 외에 다른 이가 없느니라 하신 말씀이다.

이사야45:19 말씀의 의미

다만 여기서 한 가지 유념해야 할 사실은 "나는 감추어진 곳과 캄캄한 땅에서 말하지 아니하였으며(사45:19)"라는 말씀을 창1:1~2의 말씀에 적용해서는 안 된다는 사실이다.

왜냐하면 창1:1~2의 태초에 창조된 천지, 즉 흑암의 우주 공간과 지구는 하나님의 말씀에 의한 창조가 아니기 때문이다.

성경에 기록된 하나님의 모든 말씀은 첫째 날의 빛이 있으라(창 1:3)는 말씀에서 비롯된다.

이는 하나님께서 감추어진 곳과 캄캄한 땅에서 말씀으로 명령하여 천지를 지으신 것이 아니라 하나님의 최초의 말씀으로 빛이 있게 된 첫째 날부터 여섯째 날에 이르기까지 아담과 하와의 창조를 제외한 하나님의 엿새 동안의 모든 창조사역이 하나님의 말씀으로 이루어졌음을 의미하는 것이다.

따라서 창1:1~2의 태초에 창조된 천지, 즉 흑암의 우주 공간과 지구는 하나님의 말씀에 의한 창조가 아닌, 전지전능하신 하나님의 권능의 손으로 손수 지으시고 견고하게 만드시는(사45:18) 수고에 의해 태초의 흑암 속에서 창조되었음을 나타내고 있는 것이다.

이러한 진실을 간과하게 될 때 이사야 45:19의 말씀을 창1:1~2에 그대로 적용하여 피조물인 우리들의 관점에서 해석을 함으로 말미암아 하나님께서 태초부터 우주와 지구를 하나님의 말씀으로 밝고 환하게 창조하신 것이었으나 천국에서의 천사들의 타락과 반란에 의해 태초에 밝게 창조된 우주 공간과 지구가 흑암 속에 휩싸이게 되었다는 왜곡된 해석을 하게 되는 것이다.

하나님께 지음받은 땅 위의 모든 피조물은 낮과 밤의 구분에 의한 조화 속에 그 생명을 이어가는 것이 창조주 하나님의 뜻에 합당한 것이며, 흑암, 곧 어둠이 없는 세상은 오직 하나님의 나라인 천국에서만 가능하다는 진실, 즉 다시 밤이 없겠고 등불과 햇빛이 쓸 데 없으니 이는 주 하나님이 그들에게 비치심이라는 계 22:5의 말씀을 통해 깨달을 수 있어야 할 것이다.

(어둠이 먼저 있어야 빛에 의한 밝음도 있을 수 있는 것인바, 처음부터 밝고 환한 상태에선 발원체가 없는 어둠은 결코 있을 수 없음이 하나님의 창조섭리인 것이며 태초부터 우주가 밝고 환하게 창조되었다면 첫째 날부터 여섯째 날까지의 위대하신 창조사역의 과정은 결코 이루어질 수 없었음을 분명히 인식해야 할 것이다)

따라서 이사야45:7의 나는 빛도 짓고 어둠도 창조하며 나는 평안도 짓고 환난도 창조하나니 나는 여호와라 이 모든 일들을 행하는 자니라 하신 말씀에서처럼 창조주 하나님의 위대하신 창조사역의 창조적 권능은 오직 창조주 하나님만의 절대적 권능이심을 결코 잊어서는 안 되는 것이다.

이와 같은 내용들을 종합하여 볼 때 해와 달과 별들과 은하계가 창조되기도 전에 하나님의 특별하신 수고와 창조섭리에 의해 태초의 흑암 속에 이미 창조된 지구는 땅속에 수분이 함유된 현재와 같은 둥근 모양의 사람이 거주할 수 있을 견고하고 완벽한 형태를 갖춘 창조주 하나님의 독보적 피조물로서 존재하고 있었던 것은 분명한 사실이다.

이러한 완벽한 형태를 갖춘 지구가 수면 위를 운행하시는 하나님의 영에 의해 품어진 가운데 첫째 날부터 여섯째 날에 이르기까지 창조주 하나님의 명령에 순응할 준비, 곧 이 땅에 창조주 하나님이 계획하신 온갖 신비로운 생명체들을 내기 위한 준비를 하고 있었던 것이다.

따라서 첫째 날의 빛이 있으라는 말씀의 진정한 의미는 태초의 깊은 흑암을 통하여 진리와 생명의 빛이신 하나님을 온전히 드러내시기 위해 능력과 생명의 빛으로서의 발원체, 즉 빛의 근원이신 하나님 스스로를 향하여 하신 말씀임을 의미하는 것이며 이는 곧 시간의 시작을 알림과 동시에 우주의 문을 여시는 이가 창조주 하나님이심을 나타내고 계신 것이다.

이렇듯 하나님의 창조섭리에 따라 태초의 지구가 자전하는 가운데 지구를 비추게 된 첫째 날의 빛에 의해 낮과 밤이 구분됨으로써 물리적 시간의 시작, 곧 우주의 시작과 함께 우주 만물에 질서가 있게 된 것이다.

4
우주 공간의 눈에 보이지 아니하는 것들의 기원
(양성자, 중성자, 전자와 중력을 발생시키는 물질)

 온 인류가 이 시점에서 반드시 깨달아야 할 또 한 가지 놀라운 사실은, 첫째 날 빛이 있으라 하신 하나님의 말씀에 의해 이 말씀이 생명이신 그리스도의 빛으로 발현되어 지구를 최초로 비추게 될 때 낮과 밤의 구분에 따른 시간의 시작과 더불어 우주 만물의 기본 원소인 원자를 구성하는 입자, 즉 양성자 중성자를 이루는 기본입자와 전자를 이루는 경입자가 넷째 날에 해와 달과 별들이 만들어지기 전까지 첫째 날의 그리스도의 빛으로부터 파생되어 넷째 날에 이르기까지 광활한 우주 공간 가득히 존재하게 된 사실을 온 인류가 여태껏 간과하고 있었다는 사실이다.
 뿐만 아니라 위의 기본 원소들과 함께 우주 공간에 중력을 발생시키는 신비로운 존재이자 우주의 근간을 이루는 물질, 즉 천문학자들이 일컫는 이른바 암흑물질 또한 첫째 날의 그리스도의

빛으로부터 파생되어 우주 공간에 존재하게 되었다는 사실이다.

또한 수면 위를 운행하시는 태초의 하나님의 영과 첫째 날의 그리스도의 빛을 하나님께서 넷째 날에 거두어들이신 후 광명체들이 하늘의 궁창에 있어 땅을 비추라(창1:14~15)는 하나님의 명령이 있게 되자 그 말씀의 권능에 의해 우주 공간에 중력의 작용, 곧 수축이 비로소 시작됨으로 말미암아 첫째 날부터 넷째 날 이전까지 파생된 이들 기본 원소들이 중력의 작용에 의해 기본입자인 양성자 중성자와 경입자인 전자가 각각의 비율로 서로 결합함으로써 원자핵을 이루는 수소원자와 헬륨원자로 각기 결성되어 우주 공간 전체에 분포되었다는 사실이다.

(원자의 구조를 세분하여 보면 핵력이 있는 쿼크입자와 핵력이 없는 경입자로 구분되는바, 원자핵을 이루는 양성자, 중성자 등의 입자는 쿼크입자와 결합되어 있고 원자핵 주변의 전자는 경입자와 결합되어 있음을 알 수 있다)

이처럼 우주를 구성하는 모든 기본 원소들이 첫째 날부터 넷째 날에 이르기까지 만물의 근원이신 첫째 날의 그리스도의 빛으로부터 파생되어 창조주 하나님의 계획에 따라 일정한 비율로써 광활한 우주 공간에 완벽히 갖추어졌다는 놀라운 진실을 결코 간과하지 말아야 할 것이다.

이러한 진실에 비추어 볼 때 첫째 날의 "빛이 있으라"는 하나님의 말씀의 의미를 하나님의 관점에서 헤아리게 되면, 이는 곧 말씀이 빛이 되신 그리스도께서 만물의 근원이신 창조주로서 온 우주에 존재하심을 선포하신 명령의 말씀임을 깨닫게 하신다는 것이다.

따라서 첫째 날의 그리스도의 빛에 의해 낮과 밤의 구분에 따른 시간의 시작과 함께 위에 언급한 눈에 보이지 아니하는 것들, 즉 우주의 근간을 이루는 기본 원소와 중력을 발생시키는 물질이 첫째 날의 그리스도의 빛으로부터 함께 파생되어 넷째 날에 이르기까지 우주 공간 전체에 분포하여 있으라는 의미의 말씀임을 깨닫게 되는 것이다.

이는 창1:15 말씀, 곧 광명체들이 하늘의 궁창에 있어 땅을 비추라 하신 말씀과 창1:3의 빛이 있으라는 말씀과 비교하여 볼 때 그 의미가 더욱 분명해짐을 알 수 있다.

왜냐하면 넷째 날의 해와 달과 별들에 의한 피조물로서의 빛은 지구, 즉 땅을 비추기 위함이 그 주된 목적이지만 첫째 날의 빛은 만물의 근원이신 그리스도께서 전지전능하신 창조주로서 온 우주에 존재하심이 그 주된 목적이기 때문이다.

만일 지구를 비추기 위함이 그 주된 목적이라면 하나님께서 첫째 날에 해와 달과 별들을 창조하셔서 하늘의 궁창에 두어 땅을 비추게 하셨을 것이다.

하지만 하나님의 깊은 뜻이 계심으로 말미암아 해와 달과 별들은 첫째 날이 아닌 한참 뒤인 넷째 날에 창조하신 것이며 최초의 말씀인 창1:3의 말씀을 선포하실 때에도 빛이 있어 땅을 비추라 하지 아니하시고 빛이 있으라 명령하시게 된 것이다.

따라서 창1:3의 말씀, 곧 하나님이 이르시되 빛이 있으라 하시니 빛이 있었고라는 말씀이 의미하는 바는, 첫째 날 만물의 근원이신 그리스도의 빛이 지구를 에워싼 태초의 물과 땅을 비춤으로 인하여 낮과 밤의 구분에 따른 시간의 시작과 함께 눈에 보이지 아니하는 것들, 즉 물의 아미노산과 흙의 미네랄 성분이 지구의 물과 흙 속에 생성되어 있으라는 의미이며, 우주의 근간을 이루는 기본 원소와 중력을 발생시키는 물질 또한 첫째 날의 빛으로부터 함께 파생되어 넷째 날에 이르기까지 일정한 비율로써 우주 공간 전체에 분포하여 있으라는 의미가 함축된 말씀임을 의미하는 것이다.

이러한 관점에서 볼 때 첫째 날 그리스도의 빛에 함축된 의미는, 물과 흙 속의 눈에 보이지 아니하는 것들, 곧 아미노산과 미네랄을 첫째 날 각기 창조하시기 위함과 넷째 날 하늘의 궁창에 해와 달과 별들을 창조하시기 위한 하나님의 세밀하신 계획이 첫째 날의 빛이 있으라는 말씀 속에 함축되어 있었던 것이다.

다시 말해 만물의 근원이신 첫째 날의 그리스도의 생명의 빛이 곧 우주 공간의 눈에 보이지 아니하는 것들의 기원이며, 물과 흙 속의 눈에 보이지 아니하는 것들의 기원, 즉 세포의 기원임을 온 인류가 진리의 말씀인 성경을 통해서 이제라도 마음 깊이 깨닫도록 해야 할 것이다.

하나님의 말씀의 본질

부언하자면 하나님의 말씀은 진리이신 하나님의 생각, 즉 인류를 향한 하나님의 선하신 뜻과 의지가 거룩하시고 전지전능하신 하나님의 음성으로 표출된 것을 의미하는바, 하나님의 음성으로 직접 표출된 이 말씀이 곧 예수 그리스도시요 삼위일체의 성자 하나님이신 것이다.

따라서 빛의 근원이신 하나님께서 스스로 있는 자이신 하나님을 향하여 첫째 날 빛이 있으라 하신 최초의 이 말씀에 따라 미래의 인류를 위한 하나님의 선하신 뜻과 의지가 말씀이신 독생자 예수 그리스도의 빛으로 발현되게 된 것이다.

뿐만 아니라 말씀이 빛이 되신 첫째 날의 그리스도의 빛이 지구를 비추게 될 때 시간의 시작과 함께 우주 구성의 기본 원소와 중력을 발생시키는 물질이 첫째 날의 빛으로부터 함께 파생되어 우주 공간에 완벽히 갖추어짐으로써 넷째 날의 하나님의 명령을 기다리게 되었던 것이다.

이러한 가운데 둘째 날부터 여섯째 날에 이르기까지 하나님의 명령의 말씀과 호흡이 물과 하늘의 궁창과 땅을 향해 순차적으로 임하시게 되자 그 능력의 말씀대로 셋째 날엔 풀과 씨 맺는 채소와 각기 종류대로 씨 가진 열매 맺는 나무를 땅이 내게 되고 넷째 날엔 하늘의 궁창에 두 큰 광명체와 헤아릴 수 없이 수많은 별들이 만들어져 땅을 비추게 되고 다섯째 날엔 바다의 물고기와 날개 있는 모든 새들이 그 종류대로 창조되고 여섯째 날엔 땅의 짐승과 가축과 기는 모든 것들이 그 종류대로 창조된 후 하나님의 형상을 따라 하나님의 모양대로 남자와 여자를 창조하심으로써 땅 위에 생명의 탄생이 완성되는 위대한 결과를 낳을 수 있게 된 것이다.

이는 곧 하나님의 말씀인 첫째 날의 빛이 피조물로서의 빛이 아닌 능력과 생명의 발원체로서의 빛, 곧 그리스도의 빛이심을 상징하는 것이며 이는 그리스도의 빛으로부터 우주 만물이 시작되었음을 의미하는 것이다.

> 이에 관한 명백한 증거의 말씀들이 성경에 기록된바,
>
> 만물이 그로 말미암아 지은 바 되었으니 지은 것이 하나도 그가 없이는 된 것이 없느니라(요1:3)
>
> 이는 만물이 주에게서 나오고 주로 말미암고 주에게로 돌아감이라(롬11:36)
>
> 만물이 그에게서 창조되되 하늘과 땅에서 보이는 것들과 보이지 않는 것들과~(골1:16)

창세로부터 그의 보이지 아니하는 것들, 곧 그의 영원하신 능력과 신성이 그가 만드신 만물에 분명히 보여 알려졌나니 그러므로 그들이 핑계하지 못할지니라(롬1:20)는 증거의 말씀이다.

또한 요12:46의 나는 빛으로 세상에 왔나니 무릇 나를 믿는 자로 어둠에 거하지 않게 하려 함이로라는 예수님의 말씀 중 빛의 의미는 추상적 의미의 빛이 아닌 태초의 지구가 인류의 삶의 터

전이 될 수 있도록 하기 위하여 태초의 말씀이 이 땅에 생명의 빛으로 첫째 날 오셨음을 의미하는 말씀인 것이며, 무릇 나를 믿는 자로 어둠에 거하지 않게 하려 함이로라는 말씀은 죄 가운데 타락한 인류를 구속하시기 위해 빛이신 생명의 말씀이 이 땅에 사람의 몸으로 오셨음을 의미하는 말씀인 것이다.

즉, 요12:46 말씀의 진정한 의미는 하나님이신 태초의 말씀이 첫째 날 생명의 빛으로 이 땅에 오셨음과 이후 태초의 말씀이 타락한 인류를 구속하시기 위해 메시아로서 사람의 몸으로 이 땅에 오셨음을 동시에 아울러 표현하신 말씀인 것이다.

이와 같은 맥락에서 볼 때 다메섹 도상에서 하늘로부터 사울을 둘러 비추신 빛 또한 말씀이 빛이 되어 찾아와 주신 예수 그리스도의 빛이신 것이며(행9:3~5) 하나님 나라의 등불이 되신 어린 양(계21:23)의 빛이신 것이다.

> 태초에 말씀이 계시니라 이 말씀이 하나님과 함께 계셨으니 이 말씀은 곧 하나님이시니라
> 그가 태초에 하나님과 함께 계셨고 만물이 그로 말미암아 지은 바 되었으니 지은 것이 하나도 그가 없이는 된 것이 없느니라 그 안에 생명이 있었으니 이 생명은 사람들의 빛이라(요1:1~4)

이는 첫째 날의 빛이 낮과 밤을 구분하기 위함만이 아니요 만물이 그로 말미암아 지은 바 되었으니 지은 것이 하나도 그가 없이는 된 것이 없느니라는 요1:3의 말씀을 이루시는 생명과 능력

의 빛, 곧 우주 만물의 근원이신 예수 그리스도의 빛이심을 깊은 묵상 가운데 성령의 인도하심을 따라 분명히 깨달을 수 있어야 할 것이다.

또한 이와 같은 이유로 창조주 하나님께선 지구를 비추어 낮과 밤을 구분하게 될 피조물로서의 두 큰 광명체인 해와 달을 첫째 날 창조치 아니하시고 넷째 날 창조하시게 된 이유이다.

따라서 위의 모든 내용들이 궁극적으로 의미하는 바는, 창1:3의 첫째 날의 빛에 대한 분명하고 올바른 정의가 정립될 때 비로소 창1:1~2에 대한 하나님의 의중에 합당한 올바른 해석이 가능하다는 것이다.

즉 창1:3의 첫째 날의 빛의 의미와 그 정체성을 성령의 가르치심으로 온전히 깨닫게 될 때 비로소 창1:1~2의 말씀 속에 함축된 내용의 의미를 하나님의 시각과 관점에서 바라보며 하나님의 의중에 합당하게 올바른 해석을 할 수 있게 되는 것이다.

둘째 날의 궁창의 의미와 궁창 위의 물과 궁창 아랫물의 역할

또한 둘째 날엔 지구를 에워싼 우주 공간의 가늠할 수 없을 엄청난 규모의 물을 향하여 명령하셔서 물 가운데에 궁창을 만드신 후(창1:6~7) 궁창 아래의 물과 궁창 위의 물로 나누시어 궁창, 즉 하늘이 드러나게 하신다(창1:8).

(이렇게 드러난 궁창, 즉 하늘은 대기권의 하늘을 의미하지만 태초에 창조된 흑암

의 우주 공간과 하나로 이어짐에 따라 이들 모두 하나의 궁창, 즉 하늘의 궁창으로 이해하는 것이 하나님의 뜻에 합당할 것이다)

　이 시점에서 간과하지 말아야 할 또 한 가지 놀라운 사실은, 둘째 날 궁창 위의 물로 나뉘어져 우주 공간에 머무르게 된 아미노산이 함유된 가늠할 수 없을 엄청난 규모의 물들이 이후 넷째 날 창조된 태양계의 일부 행성과 위성들의 중력에 의해 상당량 흡수되거나 수증기 또는 얼음 형태로 그 주변에 머무르게 됨으로써 우주 천체들 가운데 생명체를 구성할 아미노산이 함유된 물이 존재하게 되는 계기가 되었다는 사실이다.

　그 증거로서 오늘날 지구의 위성인 달 표면 전체에서 얼음상태의 물이 발견되고 지구와 가까운 행성인 화성에서도 물의 흐름인 강의 흔적이 발견되었으며 또한 천왕성과 해왕성도 물로 이루어진 거대 얼음 행성인 것으로 밝혀졌을 뿐 아니라 우주로부터 날아와 지구에 떨어지는 미지의 운석 조각들에서도 물의 성분이 추출되기도 한다.

　뿐만 아니라 오시리스-렉스 탐사선이 소행성 베누에서 채취해서 가져온 돌 조각 샘플에서 33종의 아미노산과 DNA의 주요성분이 검출되었다는 사실이다.

　(단, 지구에 떨어진 운석들은 지구의 대기권을 통과하면서 그 마찰열에 의해 운석에 흡수된 물속의 아미노산의 성분은 모두 소멸해 버리고 물의 흔적만 남게 된다는 것이다. 이는 유기물인 생명체의 외계 유입설이 현실적으로 성립되기 어려움을 의미하는 것이다)

　또한 둘째 날 궁창 위의 물로 나뉘어져 우주 공간에 존재하게 된 엄청난 양의 물들이 넷째 날 창조된 우주 천체들의 중력에 의해 일부 행성들과 위성들에 흡수된 후 여전히 우주 공간에 남아 있는 나머지 궁창 위의 물들은 노아의 대홍수 때 하나님께서 하늘의 창문들을 여심에 따라 이 나머지 물들이 모두 큰비가 되어 사십 주야를 땅에 쏟아지게 되는바, 이때 땅의 큰 깊음의 샘들 또한 함께 터지도록 함으로써(창7:11~12) 하늘로부터 쏟아지는 나머지 궁창 위의 물들과 땅의 큰 깊은 샘들의 물이 하나가 되게 하심으로 말미암아 결국 대홍수의 심판이 이 지구상에 일어나게 되었던 것이다.

이처럼 둘째 날에 하나님께서 지구를 에워싼 아미노산이 함유된 우주 공간의 물 가운데 궁창을 만드시고 궁창 위의 물과 궁창 아래의 물로 나뉘게 함으로써 궁창 위의 물은 우주 공간에 머물게 된 반면에 궁창 아래의 물은 모두 지구로 떨어져 미네랄 성분의 지구의 땅이 오랜 기간 아미노산이 함유된 물속에 잠겨 있는 가운데 첫째 날의 생명의 빛이 계속하여 물에 잠긴 지구를 비추며 생명의 에너지를 공급하게 된다.

이로 말미암아 지구 토양의 숙성 효과가 있게 되는바, 오랜 기간 물의 아미노산과 흙의 미네랄과의 결합으로 인하여 물에 잠긴 바닥의 흙과 지구를 뒤덮은 엄청난 규모의 물속에서 장차 생명의 탄생과 유지를 위한 대격변이 진행되는 가운데 셋째 날과 다섯째 날의 하나님의 명령을 기다리게 된다.

이후 셋째 날에 하나님이 천하의 물, 곧 지구로 떨어져 온 땅을 뒤덮은 궁창 아래의 물을 한곳으로 모이게 하셔서(바로 이때 지구 자전축의 기울기 23.5도의 기적이 일어나게 하신다) 뭍이 드러나게 하심에 따라 드러난 뭍을 땅이라 부르시고 한곳으로 모인 물을 바다라 부르시어 땅과 바다를 구별 지으시게(창1:9~10) 된다.

(이때 아직 중력의 작용이 없음에도 불구하고 지구를 품고 수면 위를 운행하시는 성령 하나님의 역사하심으로 말미암아 한곳으로 모여 바다를 이룬 엄청난 양의 물이 우주 바깥으로 떨어지지 아니한 채 지구의 자전에 따라 계속하여 지구를 순환하게 함으로써 대격변의 바다로부터 충분한 양의 공기가 생성되어 지구의 대기권을 형성함으로 말미암아 모든 생명체가 숨 쉬며 살아갈 수 있는 쾌적한 지구의 환경이 셋째 날에 비로소 갖추어지게 된다)

그러하신 후 대격변의 과정을 거쳐 마침내 물에서 드러난 뭍을 땅이라 부르시고 지구의 온 땅 위에 풀과 각기 종류대로 씨 맺는 채소와 각기 종류대로 씨 가진 열매 맺는 나무를 골고루 내게 하심으로써(창1:11~12) 망망한 푸른 바다와 비옥한 땅과 초록빛 숲의 신비로운 조화 속에 모든 생명체가 숨 쉬며 살아갈 수 있는 놀랍도록 아름답고 경이로운 축복의 땅 지구의 모습을 셋째 날 비로소 갖출 수 있게 된다.

5

넷째 날의 말씀(창1:15)의 권능과 우주 팽창 에너지

그런 후 마침내 넷째 날의 하늘의 궁창을 향한 하나님의 명령, 즉 하늘의 궁창에 광명체들이 있어 낮과 밤을 나뉘게 하고~(창1:14) 또 광명체들이 하늘의 궁창에 있어 땅을 비추라(창1:15)는 하나님의 능력의 말씀이 선포되자 첫째 날부터 넷째 날에 이르기까지 그리스도의 빛으로부터 파생되어 양성자, 중성자, 전자와 함께 우주 공간에 위치하게 된 중력을 발생시키는 물질, 즉 암흑물질의 역할이 시작됨에 따라 기본입자인 양성자, 중성자와 경입자인 전자 등이 중력의 수축작용으로 인하여 원자핵인 수소원자와 헬륨원자로 각기 결성되게 된다.

따라서 계속된 중력의 수축에 의해 이들 두 원자 간의 핵융합 반응이 우주 전체에 걸쳐 지속적으로 일어나게 된다.

이리하여 헤아릴 수 없는 수많은 별들, 곧 은하가 넷째 날의 하나님의 말씀의 권능에 의해 광활한 우주 공간에 끊임없이 생성되어 지구를 비추게 됨으로 말미암아 우주 공간의 지속적인 팽창이 시작되고 동시에 우주 천체에 작용하는 중력과의 균형 또한 이루게 된다.

이처럼 하나님의 창조섭리에 의해 중력에 의한 수축력과 우주의 팽창력이 균형점을 이루게 됨으로 말미암아 우주 천체의 체계와 질서가 유지되게 된다.

이로써 이들 별들, 곧 은하에는 별들의 생성 시 핵융합 반응에 의해 분출된 여러 물질들, 즉 성간물질로 이루어진 성운이 형성되어 자리 잡게 된다.

따라서 하나님께서 이들 성운으로부터 큰 광명체인 해를 창조하시고 태초에 이미 창조된 지구 주위에 작은 광명체로서 위성인 달을 창조하신 후 수성, 금성, 화성, 목성, 토성, 천왕성, 해왕성 등의 행성들을 태양 주변에 순차적으로 창조하심으로써 마침내 지구가 속한 우리 은하의 태양계가 이루어지게 된다.

이리하여 두 큰 광명체인 해와 달로 하여금 낮과 밤을 주관하게 하시며 또 별들을 만드시고 그것들을 하늘의 궁창에 두어 지구를 비추도록 명령하시게 된다(창1:16~17).

우주 팽창 에너지의 근원

이처럼 넷째 날의 하나님의 명령대로 별들의 생성과 소멸이 반복되는 가운데 별들이 꾸준히 증가하며 지구를 비추게 됨으로써 우주 공간은 지속적으로 팽창하게 된다.

그렇다면 이와 같이 별들이 계속하여 생성되는 것과 우주가 지속적으로 팽창하게 되는 힘의 근원은 과연 무엇일까?

그 힘의 근원은 곧 광명체들이 하늘의 궁창에 있어 땅을 비추라(창1:15) 하신 창조주 하나님의 말씀의 권능인 것이다.

다시 말해 광명체들이 하늘의 궁창에 있어 땅을 비추라는 넷째 날의 하나님의 말씀이 시공간을 초월하여 현재의 우주에서도 여전히 역사하고 계시는바, 시공간을 초월하여 역사하시는 창조주 하나님의 절대적 말씀의 권능이 바로 지속적인 별들의 생성과 우주 팽창 에너지의 근원이라는 사실이다.

한 가지 유의할 점은 우주 공간에 생성되는 별들의 수와 소멸되는 별들의 수가 일정한 것이 아니라 시간에 따라 변한다는 것이다.

이 말의 의미는 생성되는 별들의 수와 소멸되는 별들의 수의 값이 고정값이 아닌 시간에 따라 변화하는 값이라는 것이다.

즉 생성되는 별들의 수와 소멸되는 별들의 수의 시간에 따라 변하는 값에 비례하여 우주가 지속적으로 팽창하고 있다는 것이다.

정확히 말하자면 우주 팽창 에너지가 고정값이 아닌 시간의 흐름에 따라 물질의 상태가 변화하는 값, 즉 우주의 설계자이신 창조주 하나님의 정교한 수학적 설계에 의한 시간 변화의 값이란 것이다.

이는 곧 시공간을 초월하여 현재에도 역사하시는 창1:15의 하나님의 절대적 말씀의 권능이 바로 지속적인 별들의 생성과 우주 팽창 에너지의 근원임을 의미하는 것이다.

해, 달, 별들의 창조 시 핵융합 반응 속의 지구

이처럼 넷째 날에 광명체들이 하늘의 궁창에 있어 땅을 비추라는 하나님의 명령이 있게 되자 별들의 생성을 위한 수소원자와 헬륨원자 간의 핵융합 반응이 중력의 작용에 의해 우주 전반에 걸쳐 연속적으로 일어나게 됨에 따라 그 충격파가 우주 공간 전체에 휘몰아치며 소용돌이치게 된다.

이러한 가운데 태초에 이미 창조된 흑암 속의 지구는 수면 위를 운행하시는 하나님의 영(창1:2)에 의해 완벽히 감싸인 채 보호됨으로 말미암아 셋째 날까지 하나님의 말씀에 의해 창조된 땅 위의 모든 식물들과 산과 바다는 넷째 날의 핵융합 반응에 따른 큰 충격파에도 불구하고 그 어떠한 손상도 입지 아니한 채 온전히 보호됨으로써 독보적 존재인 지구의 신비로운 모습을 셋째 날의 모습 그대로 유지할 수 있게 된다.

이로써 광활한 우주 공간엔 태초에 창조된 지구 외에도 수많은 행성과 항성들 그리고 은하가 창조주 하나님의 계획 아래 우주 공간의 정해진 위치에 자리 잡게 되면서 오늘날까지 지구를 비추고 있는 것이다.

여기서 주목해야 할 점은 하나님께서 넷째 날 해와 달과 별들을 창조하시기 전에, 태초부터 수면 위를 운행하고 계시는 하나님의 영과 첫째 날의 빛은 먼저 거두어들이시되 그 빛으로부터 파생된 눈에 보이지 아니하는 신비로운 존재인 중력을 발생시키는 물질은 천년왕국의 끝 날까지 우주 공간에 있게 하심으로써 중력의 작용에 의한 우주 천체의 구조가 유지되게 된다는 사실이다.

달의 창조에 관한 진실

이 시점에서 결코 간과하지 말아야 할 사실은 작은 광명체인 달의 형성에 관한 세상 천문학자들의 주장인바, 그들의 주장에 의하면 화성의 크기와 비슷한 거대 행성이 지구와 충돌함으로써 이때 튿겨져 나온 부분들, 즉 거대 행성의 충격으로 인해 부서진 지구의 파편과 거대 행성의 파편들이 지구 주위를 맴돌며 중력에 의해 서서히 뭉쳐짐으로써 달이 형성되었다는 주장과 함께 이 충격으로 지구의 자전축이 23.5도 기울게 되었다는 주장인 것이다.

하지만 아폴로 우주선을 통하여 달의 표면에서 채취한 암석들을 면밀히 분석 조사한 결과 이 암석들에서 지구와 달의 성분과는 다른 거대 행성의 요소와 성분은 전혀 발견되지 않았음이 과학적으로 입증된 사실이다.

그럼에도 불구하고 여러 가설들 중에서도 특히 지구와 거대 행성의 충동설에 의한 이론을 달의 형성 이론으로 오늘날 대부분의 세상 천문학자들이 받아들이는 가운데 학교에서조차 이러한 내용을 그들이 신봉하는 빅뱅이론과 함께 학생들에게 가르치며 교육하고 있다는 사실이다.

그들의 주장대로라면 하나님의 말씀에 의해 셋째 날 창조된 땅 위의 모든 식물을 비롯한 산과 바다는 거대 행성의 대충격으로 인하여 산산이 부서지고 파괴되어 흔적도 없이 사라지게 됨은 너무나 자명한 일인 것이다.

이는 넷째 날 하나님의 명령에 의한 별들의 생성과정에서 분출된 성간물질로써 지으신 해와 달의 창조사역을 어떻게든 왜곡하여 파괴시키고자 하는 사탄의 궤변에 불과한 이론임과 하나님의 진노를 사는 이론임을 그리스도인들이 분명히 인식해야 한다는 것이다.

이처럼 하나님께선 넷째 날에 해와 달을 비롯한 헤아릴 수 없이 수많은 항성과 행성들 그리고 행성 주변을 공전하는 위성들을 우주 공간에 창조하신 가운데 우주 천체의 중력과 우주 팽창 에너지와의 균형이 이루어지도록 하심으로써 우주 천체의 구조와 질서가 유지되도록 하신 것이다.

한마디로 우주의 근간을 이루는 물질로서 세상의 천문학자들이 그토록 밝혀내고자 애쓰며 수고하는 이른바 암흑물질과 암흑에너지, 즉 중력을 발생시키는 물질과 우주 팽창 에너지는 인간의 영역이 아닌 첫째 날의 그리스도의 빛과 넷째 날의 말씀의 권능이 곧 암흑물질과 암흑에너지의 근원임을 가슴 깊이 인식해야 할 것이다.

이처럼 하나님께선 첫째 날의 빛은 거두어들이시고 넷째 날 창조하신 해와 달과 별들을 하늘의 궁창에 두어 지구를 비추게 하였는바, 이때 창조섭리에 의해 태초부터 자전을 하고 있던 지구가 주변의 다른 행성들인 수성, 금성, 화성, 목성, 토성, 천왕성, 해왕성 등과 함께 넷째 날부터는 큰 광명체인 해를 중심으로 하여 동시에 공전도 함께 하게 된다.

이에 하나님께선 첫째 날의 빛을 대신하여 해와 달로 하여금 낮과 밤을 주관하게 하시고 빛과 어둠을 나뉘게 하심으로써 비로소 이 땅 위에 징조와 계절과 날과 해가 온전히 이루어지게 된다(창1:14).

이렇듯 하나님께선 태초에 이미 창조된 지구를 중심으로 하여 광명체인 별들을 하늘의 궁창에 만드신 후(창1:15) 우리 은하에 속하는 해와 달과 행성들 즉 현재의 태양계를 만드시고 또 계속하여 별들을 만드셔서 하늘의 궁창에 두시게 된다(창1:16).

이와 같이 시공간을 초월하신 창1:15의 말씀의 권능에 의해 우주 공간에 별들이 꾸준히 생성되어 또 다른 수많은 태양계가 은하를 이루고 나아가 계속하여 은하단을 이룸으로 말미암아 오늘날에 이르기까지 생성되는 별들의 수와 소멸되는 별들의 수의 시간에 따라 변하는 값에 비례하여 우주가 지속적으로 팽창하고 있는 것이다.

이는 장차 우주의 시간이 멈추게 되는 천년왕국의 시기가 끝나는 시점까지 즉 인류가 지구상에서 완전히 사라지는 둘째 사망의 날(계20:12~14)까지 우주의 팽창과 중력의 작용이 지속됨을 의미하는 것이다.

6
지구의 창조 시기

 다만, 여기서 한 가지 궁금한 점은 지구의 창조 시기는 태초, 즉 첫째 날 이전에 창조된 것이 분명함에도 불구하고 이는 엿새 동안에 나 여호와가 하늘과 땅과 바다와 그 가운데 모든 것을 만들고 일곱째 날에 쉬었음이라(출20:11)는 말씀에서 보는 바처럼 왜 하나님께선 태초가 아닌 엿새 동안의 날 중에 지구를 만드셨다고 하신 것일까?

 그것은 곧 지구가 창조된 태초는 빛이 아직 없음으로 인하여 물리적 시간이 시작되기 전의 혼돈과 공허의 흑암의 상태일 뿐임으로 빛이 있으라는 최초의 하나님의 말씀에 의해 물리적 시간이 시작된 엿새 동안의 날 중 그 첫째 날에 지구가 창조된 것으로 보아야 함을 미래의 인류들에게 전하고자 하시는 창조주 하나님의 깊으신 의중이 계셨기 때문이다.

즉 물리적 시간이 시작되기 전의 태초는 시간의 개념인 엿새 동안의 날에 포함될 수 없기 때문에 지구의 창조 시기를 태초가 아닌 엿새 동안의 날 중 빛이 있게 된 첫째 날로 보아야 한다는 의미인 것이다.

따라서 오늘날의 우리들은 지구의 창조 시기를 첫째 날의 그리스도의 빛에 의해 우주의 질서와 물리적 시간이 시작된 첫째 날에 창조된 것으로 보는 것이 하나님의 뜻에 합당한 것이다.

우주와 지구의 나이

이러한 사실에 비추어 볼 때 우주와 지구의 나이는 과연 어느 정도 되었을까? 라는 질문을 이 시점에서 누구나 한 번쯤은 하게 될 것이다.

그렇다면 이 물음에 대한 기독교인으로서의 답변은 과연 무엇이라고 해야 가장 적절한 답이 될 수 있는 것일까?

그 적절한 답은 곧 태초에 천지를 손수 창조하신 하나님만이 아시는 일이라고 응답하는 것이 하나님의 의중에 일치하는 답일 것이다.

왜냐하면 흑암의 우주와 지구는 하나님의 깊으신 계획에 의해 첫째 날 빛이 있기 이전, 즉 시간이 시작되기 전인 태초에 창조하신 것이 분명하므로 성경의 어느 곳에도 우주와 지구의 물리적 시간의 나이에 관련된 내용을 찾아볼 수 없기 때문이다.

다만, 하나님의 깊으신 뜻에 의해 창세부터 감추신 내용들, 즉 우리가 알지 못하는 크고 은밀한 일들에 대하여 부르짖는 자에게 이를 보이리라 하신 렘33:3의 약속의 말씀과 내가 입을 열어 비유로 말하고 창세부터 감추인 것들을 드러내리라 함을 이루려 하심이라(마13:35)는 약속의 말씀에 따라 말씀 속에 함축된 복음의 비밀들을 전심을 다해 부르짖는 자에게 하나님의 뜻에 의해 하나님의 방법으로 보게 하실 수는 있겠으나 태초의 우주와 지구 그리고 물의 생성연대는 시간이 시작되기 전인 창조주 하나님의 절대주권의 영역임으로 말미암아 예외의 경우에 해당될 수밖에 없는 것이다.

모세가 성령의 감동으로 기록한 엿새 동안(창1:1~31)의 기간의 의미

창세기를 비롯한 모세오경은 하나님의 영감을 받아 모세가 기록한 책이다.

따라서 하나님께서 엿새 동안의 창조사역의 모든 과정을 출애굽 시대의 모세를 통하여 성령의 감동으로 보게 하시고 여기에 모세의 인성 재능, 은사, 문체 등을 유기적으로 사용하여(유기적 영감설) 성경 기록과의 조화를 이루도록 하는 가운데 하나님의 뜻과 목적에 맞게 첫째 날부터 여섯째 날까지의 창조사역의 내용을 순차적으로 창세기 1장에 기록하게 하신 것이다.

여기서 유념해야 할 점은, 피조물로서 120년 안팎의 유한한 생명인 모세에 비하여 우주의 창조는 헤아릴 수 없을 만큼 기나긴 과정의 시간인 것이다.

　이처럼 헤아릴 수 없을 만큼 기나긴 시간의 창조의 과정을 하나님께서 유한한 생명인 모세를 통하여 글로 기록하기 위해서 창조의 모든 과정을 엿새 동안의 기간으로 압축하여 성령의 감동으로 모세에게 보여주셨다는 사실이다.

　따라서 모세로서는 당연히 하나님께서 엿새 동안에 우주 만물의 창조를 다 이루신 것으로 여기고 하나님께서 압축하여 보여주신 내용에 대해 자신의 인성과 재능과 은사와 문체 등을 유기적으로 사용하여 기록함으로써 보여주신 내용과의 조화를 이루도록 함으로 말미암아 하나님의 뜻과 목적에 맞게 첫째 날부터 여섯째 날까지의 창조의 과정을 창세기 1장에 기록하게 되었음이 엿새 동안의 기간에 함축된 하나님의 의중인 것이다.

　다시 말해 우주의 나이가 인간의 수학적 계산과 과학적 사고로는 138억 년일지라도 알파와 오메가이시며 우주를 창조하신 하나님의 관점에 의해 이를 하나님의 시간인 엿새 동안에 다 이룬 것으로 모세를 통하여 성경에 기록하게 하신 것이다.

　이는 하나님의 시간인 엿새 동안의 기간 중에 물리적 시간인 138억 년이 지난 것이 아니라 우리의 상상을 초월하는 그 이상의 우주의 시간이 지났을 수도 있음을 의미하는 것이다.

　그러므로 우주와 지구의 물리적 시간의 나이는 시간이 시작되기 전인 태초에 천지를 손수 창조하신 하나님만이 아시는 일이라고 여기는 것이 합당할 것이다.

그럼에도 불구하고 참으로 안타까운 사실은 기독교인들 가운데 지구의 나이를 6천 년이라고 못 박아 주장하는 이들로 말미암아 세상의 천문학자와 지구과학자 등은 물론 학계와 일반인들 사이에서조차 기독교의 창조론을 강하게 불신하며 서로 간의 소모적 논쟁이 그치지 않는 가운데 교회가 조롱과 혐오의 대상이 되기까지 하는 근본적인 계기가 되었다는 사실이다.

한마디로 기독교의 진리를 잘 알지 못하는 이들에게 더욱 폭넓게 복음을 전하여 그들의 영혼이 구원받을 수 있을 소중한 기회를 기독교인들 스스로가 벽을 세워 차단해 버렸다는 지적을 당해도 결코 지나치지 않다는 것이다.

왜냐하면 우주의 별들이 핵융합 반응에 의해 생성되고 소멸하기까지는 수천, 수만 년의 시간이 소요됨은 물론 각 별들의 생성 조건에 따라 하나의 별이 생성되기까지 무한대에 가까운 시간이 소요되는 별들도 있음이 오늘날 정밀한 수학적 계산에 의해 과학적으로 입증되었기 때문이다.

따라서 기독교의 진리를 아직 깨닫지 못한 이들, 특히 학교에서 빅뱅이론에 근거한 진화론을 배우는 학생들과 이러한 교육과정을 거쳐 성인이 된 젊은이들로서는 성경에 대한 의구심과 강한 거부감을 기본적으로 가질 수밖에 없는 안타까운 현실임을 우리 그리스도인들은 넓은 마음으로 인식해야 한다는 것이다.

뿐만 아니라 하나님의 임재하심을 나타내는 생명나무와 선악을 알게 하는 나무가 함께 존재하는 에덴동산에서 아담 하와 부부가 동산 밖의 시간의 흐름에 전혀 영향을 받지 않은 삶 가운데 과연 얼마만큼의 오랜 기간을 함께 지내다 사탄의 유혹에 넘어가 불순종의 죄로 에덴동산에서 쫓겨나게 되었는지는 여호와의 동산인 에덴에서 아담 하와와 함께하시며 하루를 천 년같이, 천 년을 하루같이 바라보시는 하나님만이 아시는 진실인 것이다.

따라서 우리들의 사고와 과학의 영역을 초월하는 존재인 광활한 우주와 신비로운 땅 지구에 대해 깊은 기도 가운데 겸손한 마음으로 이 모두를 손수 창조하신 하나님의 시각에서 바라보며 하나님의 관점에서 생각하게 될 때, 이들 존재에 관한 연수를 피조물인 우리들의 잣대로 섣불리 판단하여 주장한다는 것은 곧 하나님만이 아시는 예수 그리스도의 재림의 날을 피조물인 우리들이 감히 안다고 주장하는 것과 같은 오만하고 어리석은 행위임을 확연히 깨닫게 하시는 것이다.

> 깊도다 하나님의 지혜와 지식의 풍성함이여, 그의 판단은 헤아리지 못할 것이며 그의 길은 찾지 못할 것이로다(롬 11:33)

우주와 생명과 지구의 신비에 관한 비밀

이러한 관점에서 여태까지의 내용을 모두 종합하여 볼 때, 세기의 천문학자들과 지구과학자들이 그토록 밝혀내고자 수고하며 애쓰는 우주의 시작과 생명의 탄생 및 지구의 신비에 관한 그 모든 비밀의 해답은, 곧 태초의 수면 위를 운행하시는 하나님의 영과 첫째 날의 그리스도의 생명의 빛과 둘째 날부터 여섯째 날까지의 하나님의 말씀과 호흡으로 귀결됨이 창조의 섭리요 진리인 것을 이제는 온 인류가 밝히 깨달아야 할 때인 것이다.

그러나 불행히도 이러한 진실을 외면한다면 우주와 생명 그리고 지구에 관한 끝없는 가설들과 인간의 존엄성의 가치를 스스로 비하하는 허탄한 추측성 이론들만 난무함으로 말미암아 인류에게 허락된 소중한 시간들은 그러한 자들로 인해 또 그렇게 부질없이 낭비되고 마는 것이다.

따라서 병들어 신음하며 증상을 호소하는 지구와 갈등과 분쟁에 휩싸인 인류에 대하여 그 어떠한 진실되고 통일된 해법과 결론을 제시하지도 못하는 것이다.

(참고로 세계 3대 과학학술지인 《네이처》, 《사이언스》, 《셀》지 등의 저널에서 기독교 창조론에 근거한 종교적 관련의 논문들은 이들 국제학술지에 실리지 못하도록 심사과정에서 아예 배제하고 있는 실정이다)

7

우주의 시기별 구분 및 그 특징과 의미

우주를 시기별로 구분하여 살펴보면 다음과 같다.

(1) **태초 우주**: 태초에 창조된 천지, 즉 흑암의 우주 공간과 지구
(2) **초기 우주**: 첫째 날부터 대홍수 때까지의 우주
(3) **중기 우주**: 현재의 우주, 즉 대홍수 이후부터 예수님 공중 강림(초림)까지의 우주
(4) **말기 우주**: 예수님 공중 강림 이후 7년 대환난 때부터 예수님 지상 재림까지의 우주
(5) **천년왕국의 우주**: 예수님 지상 재림 이후부터 천년왕국의 끝 날까지의 우주
(6) **새 하늘과 새 땅**: 천년왕국이 끝난 후 이전의 우주인 하늘과 땅과 바다가 뜨거운 불에 타서 모두 녹아 사라진(벧후3:12, 계21:2) 이후

의 영적인 세상 곧 하나님 나라인 천국

(7) **스스로 있는 자**: 우주가 시작되고 진행된 후에 마침내 끝을 맺게 됨은 만물의 근원이시며 스스로 있는 자이신 하나님의 계획이라는 것

이를 더 세밀히 구분하여 그 의미와 특징을 살펴보게 되면 다음과 같다.

(1) 태초 우주: 태초에 창조된 천지의 모습

의미: 첫째 날 빛이 있기 전에 창조된 천지, 즉 흑암의 우주 공간과 지구 그리고 지구 상층의 우주 공간에서의 가늠할 수 없을 엄청난 규모의 물의 존재와 그 수면 위를 운행하시며 지구를 감싸고 있는 하나님의 영의 모습이 첫째 날 빛이 있기 전 곧 시간이 시작되기 전의 태초 우주의 모습이다.

특징: 위와 같은 태초 우주의 시기에는 위에 언급한 존재, 즉 무기물인 땅의 흙으로 구성된 지구와 지구를 에워싼 엄청난 규모의 물, 즉 수소와 산소원자만으로 이루어진 물 이외엔 우주 공간에 다른 물리적인 물질이나 에너지는 결코 존재할 수 없음을 먼저 인식해야 한다는 것이다.

왜냐하면 태초 우주는 창조주 하나님의 절대적 권능과 섭리 가운데 성령 하나님의 특별하신 수고에 의한 창조인 것이며 하나님

의 말씀에 의한 창조가 아니기 때문이다.

(2) 초기 우주: 첫째 날부터 대홍수 때까지의 우주의 모습

의미: 첫째 날의 빛이 있음으로 말미암아 낮과 밤의 구분에 따른 시간의 시작과 함께 우주의 질서가 있게 된 천혜의 우주

특징: 첫째 날의 빛이 지구를 에워싼 엄청난 규모의 물과 지구의 땅을 비춤으로써 우주 공간의 물과 땅의 흙 속에 함유된 물 가운데 생명체의 세포를 이룰 단백질을 합성하게 될 아미노산이 생성되게 된다.

이때 아미노산이 생성된 물과 섞이게 된 지구의 흙이 첫째 날의 빛에 의해 무기물인 흙이 유기물인 토양으로 전환되면서 흙 속에 미네랄이 생성됨에 따라 아미노산과 미네랄의 상호작용과 전능하신 하나님의 창조섭리 가운데 모든 생명체의 세포를 형성할 박테리아가 비로소 지구의 흙 속에 출현하게 된다.

즉 세상의 생명 과학자들이 그토록 원인을 밝히고자 애쓰는 세포의 기원이 다름 아닌 하나님이 태초에 창조하신 지구의 흙과 물과 첫째 날의 그리스도의 빛에 의해 초기 우주의 지구로부터 시작되었음을 하나님의 말씀인 성경을 통하여 명백히 증언하고 계시는 것이다.

또한 양성자, 중성자, 전자 등의 우주 구성 물질 및 중력을 발생시키는 물질과 우주 공간을 팽창시키는 우주 팽창 에너지 등 우

주 구성의 근원 물질이 우주 공간에서 시작된 시기이기도 하다.

즉 첫째 날 빛이 있으라는 하나님의 말씀에 따라 지구를 비추게 된 첫째 날의 그리스도의 빛으로부터 우주 만물의 기본 원소인 원자를 구성하는 입자 곧 양성자, 중성자, 전자 등이 파생되어 우주 공간에 있게 되며 이때 중력을 발생시키는 물질 또한 우주 구성 물질과 함께 파생되어 우주 공간에 있게 된다.

이러한 가운데 넷째 날 광명체들이 하늘의 궁창에 있어 땅을 비추라(창1:15)는 하나님의 명령이 있게 되자 첫째 날의 빛으로부터 파생된 양성자, 중성자, 전자 등이 중력의 작용에 의해 수소원자와 헬륨원자로 결성된 후 이들 원자들 간의 활발하고 지속적인 핵융합 반응이 우주 전반에 걸쳐 지속적으로 일어남으로 말미암아 광활한 우주 공간에 수많은 별들과 은하가 생성되어 지구를 비추게 된다.

이때 별들의 생성과정에서 별들의 구성 원소인 성간물질이 분출되어 우주 공간에 가득하게 되는바, 하나님께서 이들 성간물질의 결정체인 성운을 이용하여 큰 광명체인 해를 만드신 후 작은 광명체로서 지구의 위성인 달을 만드시고 뒤이어 해의 주변에 여러 행성들을 순차적으로 창조하심에 따라 해를 중심으로 하여 수성, 금성, 지구, 화성, 목성, 토성, 천왕성, 해왕성 등 지구가 속해 있는 우리 은하의 태양계가 비로소 형성되게 된다.

또한 이때 넷째 날부터 그 역할이 시작된 중력의 작용으로 말미암아 우주 천체의 구조가 흐트러짐 없이 일정한 체계 속에 천년왕국의 끝 날까지 유지되게 된다.

이 시점에서 간과하지 말아야 할 놀라운 진실은 광명체들이 하늘의 궁창에 있어 땅을 비추라 하신 넷째 날의 하나님의 말씀의 권능이 시공간을 초월하여 우주 전반에 걸쳐 현재까지 역사하심으로 말미암아 이 말씀의 권능이 곧 지속적인 별들의 생성과 함께 우주 공간을 팽창시키는 힘, 즉 오늘날 천문학자들이 그토록 원인을 밝혀내고자 애쓰는 우주 팽창 에너지의 근원이라는 사실이다.

(3) 중기 우주: 현재의 우주 모습으로서 대홍수 이후부터 예수님 공중 강림(초림)까지의 우주를 뜻한다

의미: 초기 우주부터 현재의 중기 우주에 이르기까지 우주가 지속적으로 팽창한다는 사실은 우리 인류에게 무엇을 시사하고 있느냐 하는 것이다.

그것은 곧 우주 만물의 핵심이며 모든 생명체의 핵심인 사람이 거주하며 살고 있는 지구에 대해 광명체들이 하늘의 궁창에 있어 땅을 비추라 하신 하나님의 말씀대로 우주의 별들이 생성과 소멸을 반복하며 지구를 비춤으로써 우주의 생명력 또한 하나님의 형상을 따라 하나님의 모양대로 지음받은 인류와 함께 지속적으로 성장해 가고 있음을 시사하고 있는 것이다.

이는 곧 우주 만물의 존재 이유가 모든 생명체의 핵심인 사람, 즉 인류를 향하여 있음을 의미하는 것이다.

(4) 말기 우주: 7년 대환난 때부터 예수님 지상 재림까지의 우주의 모습

의미: 예수님 공중 강림 시 휴거되지 못한 인류가 전 세계적인 지진, 화산 폭발, 질병, 기근, 전쟁 등의 대환난 속에 광명한 천사의 모습으로 위장한 적그리스도에 의해 장악되고 짓밟힌 혼돈의 우주를 뜻한다.

특징: 휴거되지 못한 수많은 기독교인들과 불신자들이 회개한 후 예수를 증언하다 하나님의 말씀 때문에 목 베임의 순교를 당하는 자들도 있고 또한 짐승(적그리스도)과 그의 우상에 경배하지 아니하고 그들의 이마와 손에 짐승의 표를 끝까지 받지 않음으로써 고난을 당하는 자들도 있게 된다(계20:4).

그러나 7년 대환난의 끝에 심판의 주로 지상 재림 하신 예수 그리스도에 의해 적그리스도와 거짓 선지자들이 모두 불 못에 던져지고(계19:20) 용, 곧 옛 뱀이요 마귀인 사탄은 천 년 동안 무저갱에 갇히게 된다(계20:2~3).

(5) 천년왕국의 우주: 예수님 지상 재림 이후부터 천년왕국의 끝 날까지의 우주의 모습

의미: 천년왕국은 한마디로 에덴의 회복을 상징하는 것으로서 7년 대환난을 지나는 동안 극심하게 훼손된 우주가 첫째 날의 초

기 우주의 상태로 회복됨으로 말미암아 지구 또한 아담 하와 때의 에덴동산으로 회복됨으로써 천혜의 자연환경 속에 죽음이 없는 인류가 예수님의 통치 아래 천 년 동안 그리스도와 더불어 왕노릇 하는(계20:6) 은혜의 때임을 의미한다.

이는 곧 창1:28의 죽음이 없는 인류를 향한 창조주 하나님의 축복의 말씀이 에덴의 회복과 함께 마침내 땅 위에 이루어짐을 의미하는 것이다.

특징: 7년 대환난의 기간 중에 짐승과 그의 우상에 경배하지 아니하고 그들의 이마와 손에 짐승의 표를 끝까지 받지 아니한 자들이 살아남아서 육신의 몸으로 천년왕국에 입성하여 그리스도와 더불어 천 년 동안 왕 노릇 하게 되고, 또한 7년 대환난의 기간 중에 예수를 증언함과 하나님의 말씀 때문에 목 베임을 당한 자들의 첫째 부활(계20:4~5)이 있게 되는바 이들 첫째 부활자들 역시 살아서 육신의 몸으로 천년왕국에 입성한 자들과 함께 그리스도와 더불어 천 년 동안 왕 노릇 하게 된다.

이는 곧 예수님이 가르치신 주기도문 중 하나님의 뜻이 하늘에서 이루어진 것 같이 땅에서도 이루어지리이다는 말씀이 마침내 이루어지게 됨을 의미하는 것이다.

다시 말해 7년 대환난의 끝에 심판의 주로 지상 재림 하신 예수 그리스도에 의해 적그리스도와 거짓 선지자들이 모두 불 못에 던져지고 사탄은 천 년 동안 무저갱에 갇히게 됨에 따라 마침내 이 땅 위에 죄가 없게 됨으로써 천년왕국의 시기에는 지구의 자연이 에덴의 시기로 회복되고 온 땅 위에 죽음과 전쟁이 없는 평화가 예수님의 통치하에 천 년 동안 지속되게 됨을 나타내고 있는 것이다.

그러나 천년왕국이 끝날 무렵 천년왕국의 기간 중에 태어난 이들 가운데 수많은 이들이 예수님의 통치에 그릇된 불만을 가지게 되자 하나님께서 이들을 하나님의 백성들과 구별하시고자 무저갱에 갇힌 사탄을 잠시 풀어주게 됨에 따라 예수님의 통치에 불만을 가진 자들이 사탄에 종속되어 하나님께 대항하던 중 하늘에서 불이 내려와 그들을 모두 태워버리고, 무저갱에서 풀려나 그들을 미혹하던 마귀, 곧 사탄 또한 유황 못에 던져지니 거기엔 짐승(적그리스도)과 거짓 선지자들도 있어 그들 모두가 함께 세세토록 밤낮 괴로움을 당하는(계20:7~10) 영원한 형벌을 받게 된다.

또한 이때에 아담 하와 이후로부터 7년 대환난 동안까지 이 땅에서 사망한 모든 불신자들이 심판의 부활(요5:29)을 하여 자기 행위에 따라 예수님의 심판을 받은 후 불 못에 던져짐으로써 이른바 둘째 사망(계20:12~14, 계21:8)이 이루어지게 된다.

(6) 새 하늘과 새 땅: 하나님의 나라인 천국을 뜻함

의미: 천년왕국의 끝 날에 무저갱에서 잠시 풀려난 사탄과 그의 추종세력들이 모두 불 못에 던져지고 또한 아담 하와 이후로부터 7년 대환난 동안까지 사망한 모든 불신자들이 심판의 부활을 하여 자기 행위에 따라 그리스도의 심판을 받은 후 불 못에 던져지는 둘째 사망이 이루어짐으로써 지구상의 인류가 완전히 사라지고 하나님을 대적하던 물리적 시간의 세계가 끝이 남으로 말미암

아 지속의 이유가 없어진 우주의 시간이 마침내 멈추게 된다.

이처럼 시간 곧 우주가 멈춘다는 의미는 우주의 근간을 이루는 눈에 보이지 아니하는 중력을 발생시키는 물질과 우주 팽창 에너지가 그 역할을 일시에 멈추게 된다는 의미이다.

따라서 우주 천체의 체계와 질서가 일시에 무너져 서로 뒤엉키게 됨에 따라 천체들 간의 대충돌에 의한 우주적 대폭발이 일어남으로 말미암아 영원할 것만 같았던 하늘과 땅과 바다와 태양을 비롯한 우주의 모든 별들이 뜨거운 불에 휩싸여 일시에 녹아 모두 사라지게 되고 만다(벧후3:12, 계21:1).

그러나 이후 하나님이 약속하신 새로운 세상인 새 하늘과 새 땅(벧후3:13)이 열리게 됨으로써 천년왕국에서 육신의 몸으로 끝까지 믿음을 지킨 하나님의 백성들과 첫째 부활자들이 하나님의 나라인 새 하늘과 새 땅에서 주님과 함께 영원토록 지내게 됨을 의미한다.

(7) 스스로 있는 자

의미: 영원 속에 스스로 있는 자이신 하나님의 계획과 뜻에 의해 태초 우주, 초기 우주, 중기 우주, 말기 우주, 천년왕국의 우주의 순으로 물리적 시간의 우주가 진행된 후 지구상에 더는 인류가 존재하지 않게 됨으로 인하여 마침내 우주 만물이 물리적 시간의 끝을 맺게 되고 영적 세상인 새 하늘과 새 땅, 곧 스스로 있는 자의 나라인 천국이 열리게 된다는 의미이다.

8

창조주이신 하나님과 피조물인 사람과의 진정한 경계선

인류 과학의 문명이 최상으로 발전하여 빛의 속도보다 더 빠른 속도의 우주선과 타임머신 등을 개발한다 할지라도 이러한 기계들이 도달할 수 있는 한계점은 빛이 있어 시간이 시작된 첫째 날의 초기 우주가 그 한계점인 것이다.

즉 시간이 시작되기 전인 태초의 흑암의 우주와 지구 그리고 가늠할 수 없을 엄청난 규모의 물의 창조과정에는 결코 도달할 수 없음이 물리적 시간 속에 머무를 수밖에 없는 우리들 피조물의 한계점임을 분명히 인식해야 한다는 것이다.

왜냐하면 태초의 흑암과 생명의 근원인 흙과 물은 시간이 시작되기 전인 태초에 손수 지으신 바 된 창조주 하나님의 절대주권의 영역이기 때문이다.

따라서 오늘날의 우리들은 태초 우주와 초기 우주와의 구분점을 창조주이신 하나님과 피조물인 사람과의 진정한 경계선으로 보아야 할 필요가 있는 것이다.

왜냐하면 피조물에 불과한 우리들이 창조주 하나님의 절대주권의 영역을 넘보는 교만과 어리석음을 범하지 않도록 하기 위함과 오늘날 무서운 속도로 성장하는 과학문명의 이기들로부터 우리들 스스로를 지키기 위함 때문이다.

다시 말해 생명의 근원인 수분이 함유된 흙으로써 하나님의 형상을 따라 하나님의 모양대로 지으신 후 하나님의 생기를 코에 불어넣어 하나님의 거룩한 영과 자유의지를 지닌 살아 있는 혼으로 창조된 사람을 피조물에 불과한 인간이 감히 하나님처럼 되고자 문명의 이기를 이용해 사람을 창조하려는 교만과 어리석음을 결코 범하지 않도록 하기 위함이다.

9

빅뱅이론(표준우주론)의 허구성

　빅뱅이론을 언급하기에 앞서, 우주 구성 물질을 비롯하여 세상의 천문학자들이 그토록 애쓰고 수고하며 밝혀내고자 하는 암흑물질과 암흑에너지의 기원은 과연 무엇이며 그것이 왜, 어떻게 시작이 되었는지 그리고 그 끝은 어떻게, 왜 마쳐지는지에 대한 그들의 대답은 과연 무엇인지를 묻지 않을 수가 없는 것이다.

　왜냐하면 천문학이란 정밀한 수학적 계산을 요하는 난해하기 이를 데 없는 물리적 법칙의 집약적 학문이기에 인류 역사에 축적된 모든 과학적 지식을 통틀어 적용한다 하더라도 근접하기 어려운 학문임에 틀림없는 것이다.

　그럼에도 불구하고 약 138억 년 전의 우연한 대폭발에 의해 우주가 탄생하여 지속적인 팽창을 하고 있음을 주장하는 현대 천문학의 중심이론으로 일컫는 이른바 빅뱅이론(표준우주론)이 가장 근본적인 질문에 해당하는 빅뱅의 원인(왜, 어떻게)조차 설명하지 못하고 있기 때문이다.

이처럼 빅뱅이론은 대폭발의 우연성에 기초하여 불확실한 추측만으로 이루어진 사상누각의 무책임하기 이를 데 없는 이론이 분명하기 때문에 위의 질문에 대한 올바른 해답을 결코 기대할 수 없다는 사실이다.

왜냐하면 진실을 외면한 100%의 우연성과 95%의 불확실한 추측(암흑에너지: 70%, 암흑물질: 25%)에 근거한 이론임으로 말미암아 우주과학의 지속적이고 눈부신 발전으로 인하여 그때마다 끝없이 수정될 수밖에 없는 가설에 의한, 가설을 위한 빅뱅이론은 결국 막대한 자금의 낭비와 돌이킬 수 없는 인류적 시간의 낭비만을 빅뱅의 부산물로 남긴 채 머지않아 인류 역사에서 사라질 것이 자명하기 때문이다.

이와 관련한 한 가지 예로서, 우주 공간에 머무르며 가시광선의 영역을 넘어 적외선 영역의 별들까지도 관측할 수 있는 고성능의 제임스 웹 우주망원경과 우주를 탐사하기 위한 최첨단의 우주선 및 로봇 등이 전문가의 세심한 설계와 제작에 의해서가 아닌 우연한 기회에 모든 부품들이 우주 공간에서 저절로 형성되고 조합되어 만들어졌다는 궤변적 주장을 누군가 끊임없이 한다면 그 누구보다 앞장서 그를 비웃으며 비난할 이들은 그 분야의 세상 과학자들일 것이다.

그럼에도 불구하고 위의 예시와는 비교도 안 될 내용들, 곧 지구상의 모든 생물의 구조는 물론 우주 만물을 구성하는 원자의 구조와 우주 천체의 구조, 중력의 존재 및 우주 팽창 에너지 그리고 생명의 근원인 흙과 가늠할 수 없을 규모의 물의 기원 등이 우연한 대폭발, 곧 빅뱅에 의해 우주 공간에서 저절로 형성되고 조합되어 이루어졌다는 주장을 줄기차게 하는 이들 또한 아이러니하게도 빅뱅의 신봉자이자 그 분야의 세상 과학자들인 것이다.

뿐만 아니라 제임스 웹 우주망원경(JWST)에 의한 같은 유형의 세 가지 천체를 관측한 결과로써 우주의 팽창 속도를 나타내는 값인 허블상수의 계산값이 통계적 오차 범위로 설명할 수 없을 만큼 불일치하는 현상, 곧 허블 갈등으로 인하여 천문학자들 사이에서 빅뱅이론의 신빙성에 대한 큰 논쟁이 일어나고 있는 실정이다.

- 허블상수: 우주의 팽창 속도를 나타내는 값으로 은하가 지구에서 멀어지는 속도가 거리와 비례한다는 의미임(단, 허블상수와 우주의 나이는 반비례함).

우주의 팽창 속도 측정 방법

(1) **거리 사다리 측정 방법**: 73km/s/mpc(2024년 발표)
(2) **우주배경복사 분석방법**: 67km/s/mpc(2018년 발표)

즉 JWST 관측으로 측정한 허블상수가 메가파섹 당 69.1km/s라는 것으로서 이는 1메가파섹(약 326만 광년) 떨어져 있는 은하들이 초당 69.1km/s의 속도로 서로 멀어지고 있다는 뜻이다.

이는 한마디로, 같은 우주망원경을 활용한 측정결과 두 개의 값이 통계적 오차 범위로 설명할 수 없을 만큼 서로 불일치한다는 결론으로서 빅뱅이론과는 다른 의견을 나타내게 된 것이다.

즉 우주의 팽창하는 속도가 공간에 따라 달라 빅뱅이론(표준우주론)의 예측과 일치하지 않다는 것이다.

이는 우주 팽창 에너지가 고정값이 아니라 시간에 따라 변하는 값이기 때문이다.

이처럼 우주 팽창 에너지가 시간에 따라 변하는 값이라면 빅뱅이론은 결국 수정되어야 하며 이와 같은 빅뱅이론의 수정 현상은 우주 관측기구의 눈부신 발전으로 인하여 더욱 빈번할 수밖에 없음을 의미하는 것이다.

성경이 뜻하는 빅뱅과 우주의 설계자

그렇다면 앞서 말한 질문에 대한 답은 과연 무엇일까?

그 진실의 답은 곧 빅뱅이 있기는 있되 그 시기가 빅뱅이론자들이 주장하는 우주의 시작점에서가 아닌 앞서 언급한 바 있는 천년왕국의 끝날 시점, 즉 땅 위에 인류가 완전히 사라지는 날인 둘째 사망의 날(계21:8)에 비로소 빅뱅이 있게 됨이 성경이 전하는 진실인 것이다.

즉 빅뱅은 우주의 시작점이 아닌 우주와 인류의 마지막 시점에서 한 번의 빅뱅, 즉 대폭발에 의해 우주 만물이 끝을 맺게 된다는 사실이다.

위와 같은 진실이 의미하는 바는 우주의 모든 물질과 생명, 즉 우주 만물이 우연한 빅뱅에 의해 저절로 이루어져 무한한 시간의 흐름 속에 막연히 존재하게 된 것이 아니라 이 모두를 세밀히 설계하시고 깊은 숙고 가운데 창조하신 절대적 설계자가 분명히 존재하고 계신 것을 의미하는 것이다.

이에 관한 명백한 증거가 자연의 모든 물리적 법칙 가운데 엄연히 존재하는 수학의 체계와 그 현상인 것이다.

왜냐하면 우주 만물이 우연한 빅뱅에 의해 우주 공간에서 저절로 형성되고 조합되어 이루어진 것이 아니라 절대적 설계자의 치밀하고 세심한 수학적 설계를 근원으로 하여 깊은 숙고 가운데 창조된 결과물이기 때문이다.

따라서 그 설계와 창조에 관한 시작의 이유와 그 과정을 통한 마침의 이유가 진리의 말씀인 성경을 통해 인류의 역사 속에 반드시 드러나게 됨을 의미하고 있는 것이다.

이처럼 성경은, 만물의 근원이신 창조주 하나님의 권능에 의해 태초에 흑암의 우주 공간과 지구 그리고 엄청난 규모의 물이 창조되었음과 첫째 날의 그리스도의 빛에 의해 시간의 시작과 함께 눈에 보이지 아니하는 것들, 곧 물의 아미노산과 지구의 흙 속에 세포의 기원이 비롯됨과 또한 우주 구성의 기본 원소인 원자를 구성할 양성자, 중성자, 전자와 중력을 발생시키는 물질이 첫째 날의 빛으로부터 파생되어 우주 공간에 존재하게 됨을 나타내고 있는 것이다.

　이후 둘째 날부터 여섯째 날까지는 하나님의 말씀과 호흡에 의해 드디어 우주 만물이 완성되었음을 시사하고 있는 것이다.

　또한 성경은, 첫째 날의 그리스도의 빛으로부터 우주가 시작된 이후 인류 역사의 기나긴 과정을 지나 마지막 날인 천년왕국의 끝날 시점, 즉 이 땅에서 인류가 사라지게 되는 둘째 사망의 날에 그 역할의 가치가 없게 된 물리적 우주의 시간이 마침내 멈추게 됨에 따라 중력을 발생시키는 물질과 우주 팽창 에너지 또한 그 역할을 동시에 멈추게 됨으로 말미암아 우주 천체의 체계와 질서가 무너짐으로써 하늘의 광명체들 간의 대충돌에 의한 우주적 대폭발이 우주 전반에 걸쳐 일시에 일어나게 되고 이로써 우주 천체가 사라짐으로 인하여 물리적 시간의 세계가 마침내 끝을 맺게 됨(계21:1)을 오늘날의 우리들에게 전하고 있는 것이다.

　이에 관한 증거의 말씀이 곧 롬11:36의 만물이 주에게서 나오고 주로 말미암고 주에게로 돌아감이라는 말씀인바, 이는 예수 그리스도에 의해 우주 만물의 시작과 과정과 끝이 있게 됨을 의미하는 것이다.

　다시 말해 천년왕국의 끝 날에 무저갱에서 풀려난 사탄과 그에 종속된 바다의 모래와 같은 수많은 수의 타락한 종족이 하나님의 백성들과 하나님께 대적하다 하늘에서 내려온 불에 의해 모두 태워버림을 당하고 마귀 곧 사탄 또한 유황 못에 던져지며(계20:7~10) 이때 아담 하와 이후로부터 7년 대환난 동안까지 사망한 모든 불신자들이 심판의 부활(요5:29)을 하여 자기 행위대로 예수님의 심판을 받고 불 못에 던져지니 이것이 곧 이 땅에서의 둘째 사망(계20:12~14, 계21:8)인 것이다.

그러나 이때 끝까지 믿음을 지킨 천년왕국의 하나님의 백성들과 첫째 부활자들은 새 하늘과 새 땅으로 옮겨짐으로 말미암아 마침내 지구상에서 인류가 완전히 사라지게 되는 것이다.

따라서 모든 생명체와 우주 만물의 핵심인 사람이 이 지구상에 존재하지 않게 됨으로써 그동안 하나님의 말씀에 따라 지구를 비추던 하늘의 별들과 신비로운 물질들이 더는 그 존재의 이유가 없게 됨으로 말미암아 우주의 천체들이 하나님의 뜻에 의해 대충돌에 의한 대폭발로써 산산이 부서져 풀어지고 뜨거운 불에 타서 녹아 하늘과 함께 모두 사라지게(벧후3:12, 계21:1) 되고 마는 것이 빅뱅의 진실인 것이다.

이에 관한 명백한 증거의 말씀이 곧 막13:31의 천지는 없어지겠으나 내 말은 없어지지 아니하리라는 예수님의 준엄하신 경고의 말씀인 것이다. 그러나 하나님의 언약대로 하나님의 나라인 새 하늘과 새 땅(벧후3:13)이 열리게 됨으로 말미암아 천년왕국에서 믿음을 끝까지 지킨 하나님의 백성들과 첫째 부활자들이 하나님의 나라인 천국에서 예수님과 영원토록 함께 지내게 되는 새 하늘과 새 땅의 새로운 세계가 시작되게 되는 것이다.

이와 같은 진실에 근거하여 광활하기 그지없는 우주를 바라볼 때, 우리들 피조물의 과학의 영역을 초월하는 존재인 우주의 본질과 이를 설계하신 창조주 하나님의 위대하심을 겸손한 마음으로 확연히 깨달을 수 있게 되는 것이다.

다행히 하나님의 은혜로 진실을 깨달은 선택받은 지혜 있는 자들이 진리인 성경에 근거하여 우주의 진실을 탐구할 때 머지않은 미래에 인류 역사에 획기적 도움이 될 놀라운 과학적 발견을 이루어 온 세상에 진리의 말씀을 증언함으로써 "생육하고 번성하여 땅에 충만하라 땅을 정복하라 바다의 물고기와 하늘의 새와 땅에 움직이는 모든 생물을 다스리라(창1:28)" 하신 하나님의 말씀대로 오늘날 병들어 신음하는 지구와 갈등과 분쟁에 휩싸인 인류 위에 지구를 온전히 정복하고 다스릴 하나님의 놀라우신 기적의 은총이 임하시게 될 것을 믿어 의심치 않는다.

이렇듯 태초에 창조된 지구를 중심으로 하여 해와 달과 별들, 곧 우주 만물이 창조된 것인바, 이러한 소중한 지구를 특별히 먼 우주에서 바라보게 되면 이는 광활한 우주 공간의 수많은 별들과 은하 가운데 조그마한 푸른 점 하나에 불과한 존재라는 사실을 확연히 깨닫게 된다.

놀라운 사실은, 광활한 우주 공간에서의 조그마한 하나의 점과 같은 존재에 불과한 이 지구에 하나님의 형상을 따라 하나님의 모양대로 창조되고 하나님이 부여하신 각자의 소중한 자유의지를 지닌 수십억 생명의 인구와 온갖 종류의 신비로운 수많은 생명체들이 함께 숨 쉬며 살아가고 있다는 사실이다.

따라서 오늘날 우리가 발 딛고 숨 쉬며 살고 있는 독보적 존재인 우리들의 땅 지구야말로 우주 만물 가운데서도 가장 아름답고 완벽하게 창조하셔서 우리들에게 값없이 안겨주신 창조주 하나님의 최고의 작품이요 선물이라는 가슴 벅찬 사실을 영혼 깊이 깨닫게 되는 것이다.

  따라서 제아무리 인류의 문명과 과학이 발달할지라도 결코 이 지구를 모방하거나 흉내 낼 수 없는 독보적인 존재임을 밝히 깨달아 예수님이 다시 오심으로써 인류를 향한 하나님의 뜻이 이 땅 위에 온전히 이루어지는 그날까지 온 인류가 삶과 생명의 터전이자 축복과 은총의 땅인 이 소중한 지구를 온전히 지키고 보호하는 일에 최선의 노력을 기울여야 할 것이다.

  말씀이 육신이 되시기에 앞서 말씀이 빛이 되셔서 온 우주와 이 땅에 생명을 불어넣으신 만물의 근원 되신 독생자 예수님!

  그러나 인류의 타락으로 인하여 말씀이 육신이 되셔서 이 땅에 친히 오시어 십자가 희생으로 자신의 모두를 내어주심으로써 우리들의 죄를 대속하신 독생자 예수 그리스도!

  하나님 아버지! 하나님의 인류를 향한 위대하신 계획과 그 크신 사랑의 마음을 올바로 헤아릴 수 있는 믿음과 지혜를 저희들에게 허락하시사 "그러나 인자가 올 때에 세상에서 믿음을 보겠느냐(눅18:8)" 하신 주님의 준엄하신 경고의 말씀을 마음 깊이 새겨 죄로 물든 이 땅에 하나님의 뜻을 온전히 이루기 위해 등불을 켤 기름을 준비해 간 슬기로운 다섯 처녀와 같이 온전히 쓰임받는 깨어 준비된 저희들 되게 하옵시고 이러한 하나님의 깊으신 뜻의 복음의 비밀들을 우리의 후대들에게 올바로 가르쳐 전할 수 있는 믿음과 지혜와 용기를 저희들에게 허락하여 주옵소서.

  예수님의 이름으로 기도드립니다. 아멘!

제3부

선악과 명령의 본질

1
서론

예수님의 공생애 사역 이후 승천하시기 전까지 예수님이 제자들에게 손수 가르치신 많은 비유의 말씀들 뒤에는 눅18:8의 "그러나 인자가 올 때에 세상에서 믿음을 보겠느냐" 하신 충고의 말씀이 이어져 있는 말씀들임을 결코 간과하지 말아야 할 것이다.

왜냐하면 과부와 불의한 재판장에 관한 비유(눅18:1~7)의 말씀 후에 하신 이 충고의 말씀은 장차 예수님 공중 강림 하실 때에 7년 대환난을 앞두고 펼쳐질 땅 위의 혼탁한 세상을 경고하신 말씀이기 때문이다.

즉 오늘날의 교회가 믿음의 본질을 간과한 채 방황하고 있는 안타까운 모습을 예수님께서 2천 년 전에 이미 꿰뚫어 보시고 눅18:8의 말씀이 결코 이루어지는 일이 없도록 하기 위하여 이 말씀 속에 함축된 예수님의 의중을 교회가 밝히 깨달아 항상 깨어 준비할 것을 21세기를 살고 있는 오늘날의 우리들에게 시공간을 초월하여 간곡히 당부하고 계시는 충고의 말씀이자 경고의 말씀이 곧 눅18:8의 말씀인 것이다.

그렇다면 오늘날 교회가 간과하고 있는 믿음의 본질이란 과연 무엇을 의미하는 것일까?

그것은 곧 오직 성경으로 돌아가야 함을 의미하는 것이며 성경으로 돌아간다는 것은 말씀으로 돌아가야 함을 의미하는바, 이는 곧 인류를 향한 하나님의 최초의 명령의 말씀인 선악과 명령의 에덴동산으로 돌아가야 함을 의미하는 것이다.

왜냐하면 선악과 명령의 에덴동산은 인류가 영생의 땅에서 죽음의 세상으로 쫓겨나게 된 분기점이자 예수 그리스도께서 여자의 후손으로 이 땅에 오시게 된 직접적인 계기가 된 출발점이기 때문이다.

한마디로 믿음의 본질이란, 창조주 하나님의 최초의 명령인 선악과 명령 속에 함축된 하나님의 깊으신 의중, 즉 선악과 명령의 본질이 곧 말씀의 본질이며 믿음의 뿌리라는 의미인 것이다.

이는 곧 성령의 인도하심으로 선악과 명령의 본질을 올바로 깨닫게 될 때 비로소 눅18:8의 말씀 속에 함축된 예수님의 의중을 온전히 깨달을 수 있게 됨을 의미하는 것이다.

왜냐하면 선악과 명령 속에 감추신 하나님의 의중, 곧 말씀의 본질을 오늘날 교회가 성령의 인도하심으로 명확히 깨달아 이를 우리의 후대들에게 올바로 가르쳐 전할 때에 오늘날 교회의 심각한 본질적인 문제들과 우리의 왜곡된 신앙이 하나님 앞에 바로 세워짐으로써 예수님이 강조하신 두 가지 큰 계명, 곧 네 마음을 다하고 목숨을 다하고 뜻을 다하여 주 너의 하나님을 사랑하라! 네 이웃을 네 자신같이 사랑하라! 하신 주님의 말씀을 온전히 실천할 슬기로운 다섯 처녀가 비로소 이 땅 위에 준비됨으로 말미암아 두렵기만 한 눅18:8의 경고의 말씀이 예수님 다시 오시는 그날에 땅 위에 단연코 이루어지지 않기 때문이다.

이렇듯 믿음의 본질은, 오직 성경으로 돌아가서 말씀의 핵심인 하나님의 의중, 즉 말씀의 본질을 성령의 인도하심으로 올바로 깨닫는 것이다.

그 중심이 되는 성경 말씀이 곧 인류를 향한 하나님의 최초의 명령의 말씀인 선악과 명령인 것이다.

우리들의 시각으로 바라보는 에덴동산은 아담과 하와 두 사람만의 낙원으로 보이겠으나 하나님의 시각으로 바라보는 에덴동산은 결코 낙원이 아닌, 인류를 파멸시키고자 하는 사탄의 존재와 함께 창조주 하나님의 명령을 거역하여 불순종의 죄를 범한 인류 최초의 범죄 현장인 것이다.

바로 이 최초의 범죄 현장에서 인류가 범한 불순종의 죄의 단서가 무엇인지를 깊은 기도 가운데 성령의 인도하심을 따라 온전히 밝혀낼 때에 선악과 명령 속에 함축된 하나님의 깊으신 의중, 곧 감추신 천국과 인류에 관한 복음의 비밀을 비로소 깨닫도록 허락하시는 것이다.

2
불순종의 죄의 성립

　천사 대장 루시퍼의 타락으로 천국에 죄가 들어오게 되고 그 죄가 인류를 파멸시키기 위하여 루시퍼를 쫓아 땅으로 내려와 뱀으로 하여금 하와를 유혹하여 선악과를 따 먹게 함으로써 하나님이 손수 창설하신 에덴에도 죄가 들어오게 된다.

　나아가 하와가 그의 남편인 아담에게도 그 선악과를 주게 되는 바, 하나님이 아담에게 명하여 이르신 "동산 각종 나무의 열매를 네가 임의로 먹되 선악을 알게 하는 나무의 열매는 먹지 말라. 네가 먹는 날에는 반드시 죽으리라(창2:16~17)" 하신 하나님의 명령을 망각하고 아담 역시 그 열매를 받아먹게 됨으로써 한 몸인 그들 부부가 다 같이 하나님의 명령에 불순종하는 결과가 됨으로 말미암아 불순종의 죄가 인류에게까지 들어오게 된다.

　이에 아담 하와의 눈이 밝아져 자신들이 벗은 줄을 알고 서로

가 민망하여 무화과나무 잎을 엮어 치마로 삼고 동산에 거니시는 하나님의 낯을 피하여 동산 나무 사이에 숨은지라 여호와 하나님이 아담을 부르시며 이르시되 "네가 어디 있느냐" 이르되 "내가 동산에서 하나님의 소리를 듣고 내가 벗었으므로 두려워하여 숨었나이다" 이르시되 "누가 너의 벗었음을 네게 알렸느냐 내가 네게 먹지 말라 명한 그 나무 열매를 네가 먹었느냐"는 하나님의 물음이 임하시게 된다.

이에 아담이 이르길 "하나님이 주셔서 나와 함께 있게 하신 여자 그가 그 나무 열매를 내게 주므로 내가 먹었나이다(창3:1~12)"는 답변을 하기에 이른다.

이러한 아담의 답변은 하나님이 여자를 창조하지 않으셔서 아담 자기 혼자 지내도록 하셨거나 또는 여자를 창조하시되 자기와 함께 있도록 하지 않으셨다면 하와는 선악과를 먹을지라도 자신은 결코 선악과를 먹지 않았을 것이라는 의중의 답변인 것이다.

이는 곧 불순종의 원인과 모든 책임을 창조주이신 하나님과 자신의 아내에게 전가함으로써 자기의 잘못을 적극 부인하고 나아가 하나님의 창조사역은 물론 하나님의 행위 자체를 근원적으로 부인하는 답변이 되는 것이다.

(이는 흑암에 갇힌 루시퍼에게 용서의 기회를 주시고자 임한 하나님의 음성에 대해 모든 책임을 하나님에게 전가하며 하나님의 창조사역을 근원적으로 부인하던 루시퍼의 모습을 엿볼 수 있는 답변인 것이다)

이러한 아담의 답변에 하나님께선 큰 충격으로 마음이 무너지심을 느끼며 두려움에 떨고 있는 하와를 향하여 이르시되 "네가 어찌하여 이렇게 하였느냐(창3:13)"며 안타까운 심정으로 물으시게 된다.

이는 남편의 돕는 배필로서 그동안 아담을 내조하며 권면하는 가운데 영적으로 성숙한 하와였던 만큼 모든 책임을 하와 자신에게 돌리며 자신들의 잘못에 대한 용서를 구하는 답변이 하와의 입에서 나오길 간곡히 바라시는 의중의 물음이셨던 것이다.

그러나 이때 나무숲 사이에 숨어 엎드린 채 하나님의 창조사역을 부인하는 아담의 그릇된 답변을 엿듣고서 속으로 쾌재를 부르며 승리를 예감한 사탄이 하나님의 물음이 하와를 향하시게 되자 하와 또한 아담처럼 하나님의 창조사역을 부인하는 답변이 그의 입에서 나오도록 유도하고자 하나님이 지켜보심에도 불구하고 감히 스스로 기어 나와 뱀을 이용한 자신의 모습을 드러내게 된다.

그리고선 여러 개의 발이 달린 기다란 몸을 곤추세운 채 두 갈래의 혀를 날름대며 하와의 시선을 끄는 가운데 자신의 유혹에 넘어간 하와를 밀 까부르듯 조롱하고 비웃는 모습을 의도적으로 연출하기에 이른다.

따라서 이러한 간교하고 흉측한 뱀의 모습을 순간 목격하게 된 하와가 분한 마음에 사로잡혀 하나님의 물음에 성급히 답하여 이르길 "뱀이 나를 꾀므로 내가 먹었나이다(창3:13)"는 답변을 하기에 이른다.

이러한 하와의 답변은 곧 저토록 간교한 뱀을 하나님이 창조하지 아니하셨더라면 자신과 남편이 선악과를 따 먹는 일은 결코 일어나지 않았을 것이라는 하나님을 향한 원망과 억울한 생각에 치우친 답변으로서 하나님의 간곡한 바람과는 달리 하와마저 하나님께 용서를 구할 기회를 놓치게 되고 만다.

　이는 아내인 자신에게 모든 책임을 전가한 아담과는 달리 남편 아담을 진심으로 신뢰하고 사랑하는 하와이기에 그에 대한 서운함과 원망을 하나님 앞에 표하진 아니하였으나 사탄이 의도한 바대로 하나님이 창조하신 뱀에게 그 책임을 모두 돌림으로 말미암아 결국 아담과 하와 모두 하나님께 용서를 구할 기회를 잃어버린 채 하나님의 창조사역을 부인하는 발언을 하고 만 것이다.

　이처럼 두 사람 모두 자신들의 잘못을 뉘우치며 서로 상대방을 감싸고 용서를 구하기보다는 사탄이 의도한 바대로 하나님의 창조사역을 부인하는 답변을 함으로 말미암아 하나님께 용서를 받을 기회를 잃어버리게 된 것이다.

　그렇다면 결코 먹어서는 안 될 열매가 열리는 선악을 알게 하는 나무를 동산 중앙에 굳이 지으시고 인류를 향한 최초의 명령인 할 것과 하지 말 것, 곧 지킬 것과 먹지 말 것의 선악과 명령을 내리신 하나님의 깊으신 의중은 과연 무엇이셨을까?

　그것은 곧 하나님이 부여하신 소중한 능력의 자유의지를 아담이 하나님과의 대화의 통로로 적극 사용하여 선악과 명령의 의문점에 대한 아담의 질문이 있게 될 때에 하나님과 아담과의 긴밀한 소통이 이루어짐으로 말미암아 인류를 파멸시키고자 하는 사탄의 간교한 유혹을 사전에 차단하여 인류를 죄로부터 완벽히 지키고자 하심이 선악과 명령에 함축된 하나님의 의중이셨던 것이다.

　즉 하나님과 아담과의 소통의 매개체로서 선악을 알게 하는 나무를 에덴동산의 중앙에 지으신 하나님께서 선악과 명령의 의문점에 대한 아담의 질문이 있게 될 때에 선악을 알게 하는 나무를 굳이 동산의 중앙에 지으신 이유를 아담에게 소상히 알려줌으로써 인류를 파멸시키기 위한 사탄의 유혹을 사전에 차단하고자 하셨던 것이다.

그러나 안타깝게도 하나님의 의중을 온전히 헤아리지 못한 아담이 하나님의 선악과 명령에 대해 그 어떠한 질문도 없이 자신의 생각과 판단에 의한 순종, 즉 자기의지에 의한 무조건적인 복종을 함으로 말미암아 아담에게 내리신 하나님의 선악과 명령 이후 하와가 선악과를 따 먹기까지 에덴에서 하나님과 그들 부부와의 대화가 완전히 단절되고 만다.

따라서 인류를 파멸시키기 위해 땅으로 내려와 오랜 시간 호시탐탐 기회를 엿보던 사탄이 하나님의 선악과 명령 이후 에덴동산에서 하나님과 아담 하와 부부와의 대화가 완전히 단절된 틈을 놓치지 아니하고 뱀을 이용하여 사람의 말로 하와를 유혹함으로써 그들 부부가 함께 선악과를 먹게 함으로 말미암아 결국 땅 위에 불순종의 죄가 성립하게 되고 만다.

그렇다면, 하나님의 손을 꼭 부여잡은 채 하나님의 이끄심을 받아 아담 자신을 향해 한 걸음 한 걸음 조심스레 다가오는 하와의 사랑스러운 모습을 바라보고 "이는 내 뼈 중의 뼈요 살 중의 살이라 이것을 남자에게서 취하였은즉 여자라 부르리라(창2:23)" 하며 그토록 감탄해 마지않던 하나님의 대리자요 지혜자인 아담이 하나님의 선악과 명령 앞에 왜 이토록 영적으로 처참히 무너지게 되었는지?

왜 하와는 항상 함께하던 남편을 혼자 두고 동산을 홀로 거닐다 먹는 날엔 반드시 죽으리라 하신 하나님의 선악과 명령을 어기고 뱀을 이용한 사탄의 유혹에 넘어가 선악과를 먼저 따 먹게 되었는지?

아담과 하와가 하나님의 명령에 불순종하여 선악과를 따 먹기까지 에덴동산에서 행복하기만 하던 그들 부부에게 대체 무슨 일이 있었던 것일까?

오직 성령의 허락하심과 그의 인도하심을 따라 은혜로움과 안타까움이 함께 공존하는 그 놀라운 에덴의 시간 속으로 들어가 보기로 한다.

아담의 창조

천사 대장 루시퍼의 타락으로 인해 천국에 들어온 죄로부터 인류를 지키시고자 여섯째 날 끝에 땅 위에 내려오신 하나님께서 땅의 흙을 손수 빚어 하나님의 형상을 따라 하나님의 모양대로 사람을 지으시고 그 코에 하나님의 생기를 불어넣으심으로써 생령, 즉 거룩한 영과 자유의지의 혼을 지닌 살아 있는 사람, 곧 아담을 창조하시게 된다.

이에 아담이 깊은숨을 내쉬며 이윽고 그의 두 눈을 뜨게 된다. 몸은 성인이나 갓난아기처럼 순결한 영혼의 아담을 하나님께선 무한히 기쁘신 마음으로 내려다보시며 창조주이신 하나님의 얼굴을 아담에게 나타내 보이시매 갓난아기와 다를 바 없는 아담이 진리이시며 거룩하신 하나님의 얼굴을 처음 마주하게 된다.

이처럼 몸은 성인이나 아무런 경험이 없는 그를 가르치시고자 하나님께서 친히 손을 내밀어 아담의 손을 붙잡아 일으켜 세우시게 된다.

그리고선 아담을 곁에 두어 한 손으로 그의 어깨를 감싸신 다음 전지전능하신 창조주 하나님의 오른팔을 들어 엿새 동안에 창조하신 우주 만물을 아담의 눈앞에 순차적으로 펼쳐 보이시며 손으로 가리키시는 가운데 우주 만물의 이치와 그것들의 의미를 상세히 가르치시게 된다.

이에 하나님의 지혜의 영이 아담에게 임하심으로 말미암아 갓난아기와 다를 바 없던 아담이 비로소 우주 만물의 이치와 사물을 통찰할 수 있는 지혜자로서의 면모를 갖추게 된다.

선악과 명령

그러하신 후 하나님께서 동방의 에덴에 동산을 창설하시고 거기에 아담을 두신 가운데 아담의 목전에서 그 땅에서 보기에 아름답고 먹기에 좋은 열매들이 열리는 온갖 종류의 나무를 나게 하시는바, 특별히 동산 중앙엔 생명나무와 선악을 알게 하는 나무도 있게 하신다(창2:8~9).

이처럼 하나님께서 동방의 에덴에 동산을 창설하시는 모습을 지혜자의 눈으로 직접 목도하게 된 아담은 하나님께서 엿새 동안에 창조하신 우주 만물이 하나님의 가르치심대로 창조주 하나님의 말씀으로 창조되었음을 하나님이 부여하신 자신의 자유의지에 의해 영혼 깊이 인식하며 하나님의 위대하심에 무한한 경외심을 갖기에 이른다.

그러한 아담의 마음과 모습을 통해 크나큰 영광을 받으신 하나님께서 하나님의 대리자인 아담을 사탄의 유혹으로부터 온전히 지키시기 위하여 마침내 그에게 선악과 명령을 내리시게 된다.

즉 여호와 하나님이 아담을 이끌어 에덴동산에 두어 네 강의 근원이 된 동산의 땅을 경작하며 동산 중앙의 생명나무와 선악을 알게 하는 나무를 지키게 하시고 아담에게 명하여 이르시되 "동산 각종 나무의 열매는 네가 임의로 먹되 선악을 알게 하는 나무의 열매는 먹지 말라 네가 먹는 날에는 반드시 죽으리라(창 2:15~17)"하시게 된다.

여기서 간과하지 말아야 할 중요한 사실은, 하나님이 동산 중앙에 지으신 선악을 알게 하는 나무가 상징하는 바는 앞서 언급한 바와 같이 하나님과 아담과의 긴밀한 소통을 통하여 사탄의 유혹을 사전에 차단하기 위한 소통의 매개체로서의 상징이라는 사실이다.

왜냐하면 먹어서는 안 될 선악을 알게 하는 나무를 굳이 동산 중앙에 지으신 것에 대한 아담의 질문이 있게 될 때 하나님과의 긴밀한 소통이 이루어짐으로 말미암아 하나님의 창조사역과 인류를 무너뜨리기 위한 사탄의 계략을 사전에 차단함으로써 천국에 들어온 죄의 문제를 완벽히 해결한 후에 인류를 잉태할 소중한 몸인 여자를 창조하고자 하시는 것이 선악을 알게 하는 나무를 동산 중앙에 지으신 이유이기 때문이다.

하지만 안타깝게도 선악과 명령에 내포된 하나님의 의중을 아담이 온전히 헤아리지 못함으로 인하여 선악과 명령에 의문점이 있음을 인식했음에도 불구하고 자신에게 부여된 자유의지로서 하나님께 여쭈어 알려고 하지 아니한 채 선악을 알게 하는 나무의 열매를 따 먹지만 않으면 된다는 자기만의 생각에 치우쳐 하나님의 명령에 대해 무조건적인 복종을 하게 된다는 사실이다.

다시 말해 선악을 알게 하는 나무의 주변에 아담이 스스로 마음의 경계선을 긋고 그 선을 절대 넘지만 않으면 된다는 생각, 즉 선악과를 따 먹지만 않으면 된다는 자기의지에 치우쳐 하나님이 부여하신 소중한 능력의 자유의지를 하나님과의 대화의 통로로 사용하지 않음으로 인하여 선악과 명령 이후 하와가 선악과를 따 먹기까지 하나님과 아담과의 사이에 어떠한 대화도 이루어지지 않았다는 것이다.

이처럼 하나님과 아담과의 사이에 대화가 단절됨으로 말미암아 그 틈새를 놓치지 아니한 사탄이 사람의 말로써 하와를 유혹하여 선악과를 따 먹게 함으로써 결국 인류가 영생의 에덴에서 죽음의 땅으로 쫓겨나게 된 이유인 것이다.

한마디로 하나님과의 대화가 단절된 인생은 사탄의 가장 쉬운 먹잇감으로 전락할 수밖에 없음을 의미하는 것이다.

이는 또한 선악을 알게 하는 나무가 창조주이신 하나님과 하나님의 형상을 따라 창조된 사람과의 경계선이 되어서는 결코 아니 된다는 사실을 의미하고 있는 것이다.

오히려 선악을 알게 하는 나무는 하나님과 사람과의 대화, 곧 소통의 매개체로서의 상징이며 우리에게 부여하신 소중한 능력의 자유의지가 곧 하나님과의 사람과의 직접적인 대화의 통로임을 의미하는 것이다.

이는 하나님의 말씀과 명령에 대해 하나님과의 대화가 없는 자기의지에 의한 무조건적인 복종을 하게 될 때, 즉 선악을 알게 하는 나무를 자기의지에 의한 경계선으로 인식하게 될 때 하나님과의 사이에 어떠한 소통도 이루어지지 아니하는 대화의 단절로 가는 길임을 의미하는 것이다.

이처럼 아담과 같이 자기 생각, 즉 자기의지에 치우쳐 하나님과의 대화가 없는 무조건적인 복종은 결국 창3:12의 하나님이 주셔서 나와 함께 있게 하신 여자 그가 그 나무 열매를 내게 주므로 내가 먹었나이다는 아담의 답변처럼 하나님께 대한 원망으로 이어진다는 사실을 결코 간과해서는 안 될 것이다.

즉 자기의지로 내린 결정을 자유의지에 의한 결정으로 착각하여 하나님의 말씀을 왜곡하는 실수를 범해서는 안 되는 것이다.

이러한 가운데 아담은 엿새 동안의 위대하신 창조사역을 다 이루신 후 이제 안식하고 계시는 하나님을 마음 깊이 경외하며 에덴에서의 혼자만의 시간을 보내게 된다.

이렇듯 하나님과의 소통이 단절된 상태에서 대화의 상대가 없어 늘 혼자인 아담이기에 자연스레 동산의 온갖 신비로운 생물들에 관심을 가지게 되고 그것들을 지혜의 눈으로 관찰하며 사색하는 일에만 온종일 집중하게 된다.

하와의 창조

이에 하나님께선 그러한 아담이 못내 안타까우면서도 하나님이 부여하신 자유의지에 따른 그의 생각과 하나님을 경외하는 그의 신중한 자세를 있는 그대로 존중해 주기로 하신다.

그러나 종일토록 땅 위의 생물들에게만 집중을 하는 아담을 안쓰럽게 여기시고 이르시되 사람이 혼자 사는 것이 좋지 아니하니 내가 그를 위하여 돕는 배필을 지으리라(창2:18) 하시게 된다.

이 말씀의 의미는 하나님께서 여자를 창조하시되 남편의 부족한 면을 감싸고 포용하며 돕기 위한 배필로서 두 부부가 한 몸으로서의 지혜로운 인격체가 되기를 바라시는 의미임과 동시에 그의 돕는 배필인 여자를 통하여 선악과 명령에 함축된 하나님의 의중을 남편인 아담이 온전히 깨닫기를 바라시는 의미의 말씀인 것이다.

이에 하나님께선 여자를 창조하시기에 앞서 하나님이 흙으로 지으신 각종 들짐승과 공중의 각종 새를 아담에게로 이끌어 오셔서 아담이 그것들을 무엇으로 부르나 지켜보시는 가운데 그것들의 이름을 짓게 하시니 아담이 오랜 시간 그것들을 관찰하며 그

동안 깨달았던 바를 머릿속에 정리하여 그의 입을 통해 자신의 언어로 최초로 표현하게 된다.

또한 이때 땅 위의 모든 생명을 땅의 흙으로 창조하신 하나님의 지혜와 뜻이 아담의 영혼 깊이 간직되게 되고 아담이 각 생물을 부르는 것이 곧 그 이름이 되게 된다.

그러하신 후 하나님께서 아담을 깊이 잠들게 하시니 그가 잠들매 그의 갈빗대 하나를 취하여 살로 대신 채우신 후 아담에게서 취하신 그 갈빗대로 여자를 만드시게 된다(창2:18~22).

여기서 주목해야 할 점은 하나님이 아담에게서 취하여 전지전능하신 하나님의 손에 들리게 된 아담의 갈빗대 하나에는 장차 땅을 정복하고 다스리며 놀라운 문명을 이루게 될 인류의 자질과 지혜와 모든 잠재적 능력들이 고스란히 담겨져 있었을 뿐 아니라 아담이 갖지 못한 섬세한 능력들까지 더함으로써 장차 인류를 잉태하여 모든 산 자의 어머니가 될 하와에게 그 모든 능력을 온전히 심어주고자 하시는 창조주 하나님의 깊으신 뜻이 계셨다는 점이다.

이렇듯 남편, 곧 가족의 부족한 면들을 감싸고 포용하며 돕기 위한 배필로서의 하와가 하나님의 위대하신 창조사역의 정점을 찍으며 마지막 피조물로서 마침내 창조되기에 이른다.

따라서 흙으로 빚어진 하와의 코를 통하여 전지전능하신 하나님의 생기를 불어넣으시니 생령, 곧 거룩하신 하나님의 영과 자유의지를 지닌 살아있는 혼으로서 모든 산 자의 어머니가 될 하와가 깊은숨을 내쉬며 이윽고 두 눈을 뜨게 된다.

그리고선 지극한 사랑의 눈으로 자신을 내려다보시는 아버지 하나님의 따스한 눈길을 온몸으로 받으며 자신을 창조하신 하나님의 거룩하시며 인자하신 눈에 자신의 두 눈을 처음 맞추고선 얼굴 한가득 방긋이 웃음 짓게 된다.

그러한 하와의 티 없이 맑고 순결한 두 눈과 그 사랑스러운 미소를 지극히 바라보시는 창조주이신 우리 하나님 아버지의 마음은 참으로 어떠하셨을까?

얼마나 흡족하며 자랑스럽고 기쁘셨을까!

얼마나 사랑스러우셨을까!

딸 바보 하나님 아빠가 되실 수밖에 없으신 하나님께선 하와의 그 순결한 두 눈을 바라보시며 장차 그가 잉태하여 이 땅에 충만하게 될 죽음이 없는 미래의 인류를 향한 전지전능하신 하나님의 놀라운 계획과 그들을 위한 무한한 축복의 언약을 구상하셨으리라!

3

에덴동산의
아담과 하와

    이처럼 창조주 하나님의 크신 사랑과 기대 속에 남편 아담을 돕는 배필로서 위대하신 창조사역의 정점을 찍으며 마지막 피조물로 창조된 하와는 자신들을 바라보시며 마음속 깊이 기뻐하시는 하나님의 사랑의 눈길과 그 애틋한 마음을 영혼 깊이 느끼는 가운데 남편 아담과 함께 에덴동산에서 지극히 행복한 나날을 보내게 된다.

    이러한 가운데 하와는 남편 아담으로부터 창조주 하나님의 엿새 동안의 놀랍고 위대하신 창조사역에 관한 이야기를 모두 전해 듣게 되는바, 엿새 동안의 창조사역의 모든 과정과 그 의미들을 비롯하여 에덴으로부터 강이 발원되게 하셔서 비손, 기혼, 힛데겔, 유브라데 강의 네 근원으로 갈라지게 하신 일과 하나님이 지으신 각종 들짐승과 새들을 이끌어 오셔서 아담에게 그것들의 이름을 짓게 하신 일 그리고 아담 자신의 갈빗대 하나를 취하셔서 여자인 자신을 창조하신 일과 동산 중앙의 선악과 명령에 이르기까지 하와 스스로는 알 수 없었던 에덴에서의 그간의 일들을 남편 아담으로부터 모두 들어 알게 된다.

이와 같이 아담이 아내 하와에게 엿새 동안의 하나님의 위대하신 창조사역에 관해 상세히 설명하게 된 것은, 생육하고 번성하여 땅에 충만하라 땅을 정복하고 다스리라는 말씀처럼 생육, 즉 낳아서 가르치라는 명령의 말씀을 하나님 스스로 먼저 아담에게 실천하셨기에 이를 후대의 인류에게 본을 보이고자 하시는 하나님의 뜻이 계셨기 때문이다.

따라서 몸은 성인이나 갓난아기와 다를 바 없던 아담이 하나님의 가르치심을 통하여 지혜와 명철이 그에게 임함으로 말미암아 비로소 우주 만물을 지혜의 눈으로 통찰하고 이해하는 지혜자로서의 면모뿐 아니라 왕이신 하나님을 대리하여 땅을 정복하고 다스릴 현명한 인류의 모습과 자질 또한 하나님의 뜻에 의해 그의 영혼 깊이 간직할 수 있게 된다.

이처럼 남편 아담으로부터 자신이 알 수 없었던 엿새 동안의 창조사역의 과정과 이를 이루신 전지전능하신 하나님의 권능에 대하여 모두 전해 들어 알게 된 하와는 남편 아담이 그랬듯이 창조주 하나님의 위대하심과 그 크신 사랑에 마음 깊이 경외심을 갖게 된다.

또한 자신과는 달리 이 모든 과정과 의미를 창조주 하나님으로부터 직접 들어 깨우치게 된 지혜자이며 자상한 남편 아담에 대해서도 신뢰와 사랑하는 마음이 더욱 깊어지게 된다.

하와의 생각

이렇듯 이들 부부가 땅 위의 시간의 흐름에 전혀 영향을 받지 않는 가운데 에덴에서의 은혜롭고 행복한 나날들이 수없이 지나는 동안 하나님의 창조섭리에 의해 여자로서의 선한 호기심이 많은 하와의 마음 한편에 몇 가지 궁금한 사항이 자연스레 싹트게 된다.

그 첫째는, 생육하고 번성하여 땅에 충만하라 하신 하나님께서 왜 남편과 함께 자신을 창조하지 아니하시고 한참 뒤에 창조하셨는지?

(이는 앞서 언급한 대로 아담에게 내린 선악과 명령을 통해 아담과의 긴밀한 소통을 함으로써 천국에 들어온 불순종의 죄의 문제를 먼저 해결한 연후에 인류를 잉태할 소중한 몸인 여자를 창조하고자 하셨던 것이다)

그 둘째는, 땅에 번성하고 충만하기 위해선 자신들이 무엇을 어떻게 해야 하는지를 왜 가르쳐 주시지 않는 것인지에 대한 궁금증이었다.

(이는 불순종의 죄를 무엇보다 미워하신 진리와 공의의 하나님이시기에 천국에 들어온 죄의 문제를 먼저 완벽히 해결함으로 말미암아 이 땅에 죄가 들어올 수 없는 완전한 환경에서 에덴에서의 그들 부부의 동침을 허락하심으로써 죄가 없기에 죽음이 없는 인류, 곧 아담 하와 부부의 축복된 후손들이 하나님의 동산인 아름다운 땅 에덴

을 근원으로 하여 창1:28의 하나님의 언약대로 생육하고 번성하여 온 땅에 충만하기를 간곡히 바라시는 것이 아버지 하나님의 마음이셨던 것이다)

그 셋째는, 남편과 늘 함께 거닐며 동산 중앙을 지나칠 때마다 마주하게 되는 생명나무와 선악을 알게 하는 나무에 관한 것으로서 언제든 먹어도 되는 생명나무의 열매와는 달리 먹는 날에는 반드시 죽으리라고 명령하신 선악을 알게 하는 나무의 열매 속에 담긴 선과 악의 의미는 무엇이며 죽음이란 무엇인지, 죽으면 어떻게 되는 것인지 그리고 먹으면 죽게 되는 열매의 나무를 왜 눈에 잘 띄는 동산 중앙에 두셔서 이들 두 나무를 볼 때마다 생명과 죽음에 대해 생각하게 하시는지에 대한 궁금증이 하나님의 깊으신 뜻에 의해 하와의 마음 한편에 자리 잡게 된 것이다.

(이는 에덴에서의 수많은 세월이 지나는 동안 시간의 흐름에 영향을 받지 않는 자신들과는 달리 땅 위의 모든 생물들이 시간의 흐름에 따라 시들며 죽어 흙으로 돌아감을 목격하게 됨으로써 선악과 명령을 어길 경우 자신들 또한 그렇게 되는 것이 죽음임을 뒤늦게 인지는 하였으나 하나님이 선악과 명령을 내리면서까지 막고자 하시는 죽음이 왜 존재해야 하는지에 대한 궁금증이 하와에게 있게 된 것이다)

하와의 영적 성숙

이처럼 남편 아담과는 달리 하나님의 창조섭리에 의해 여자로서의 세심하고 선한 호기심이 많은 하와이기에 자신들에게 선악과 명령을 내리신 하나님의 의중을 헤아리고자 하는 생각이 더더욱 깊어지게 된다.

이러한 하와의 생각을 지켜보신 하나님께서 지혜의 영이 하와에게 임하시게 함으로 말미암아 생명과 죽음을 상징하는 두 나무를 동산 중앙에 지으신 하나님의 의중을 하와가 깨닫도록 인도하시게 된다.

즉 하나님께서 남편 아담에게 선악과 명령을 내리시기에 앞서 동산 중앙의 생명나무와 선악을 알게 하는 나무를 지킬 것을 먼저 명령하심으로써 이들 두 종류의 나무를 무엇으로부터 왜 지켜야 하는지를 지혜자인 아담이 주저함 없이 여쭙기를 간곡히 바라셨던 하나님의 마음을 하와가 비로소 깨닫게 된 것이다.

이는 곧 선악과 명령의 본질적 사항으로서, 하지 말 것을 명령하시기에 앞서 할 것을 먼저 명령하신 하나님의 깊으신 의중을 헤아릴 수 있는 영적 성숙함이 하와에게 있게 된 것이다.

다시 말해, 하나님과 자신들과의 소통을 위한 매개체로서 동산 중앙에 생명나무와 함께 선악을 알게 하는 나무를 지으시고 이 나무들과 관련하여 왜 해야 하는지와 왜 하지 말아야 하는지에 대한 선악과 명령에 담긴 하나님의 간곡하신 의중을 하와가 마침내 깨닫기에 이른 것이다.

따라서 하와는 이러한 자신의 생각과 하나님의 의중을 아담에게 모두 알게 되는바, 부부로서 한 몸인 자신들이 함께 하나님 앞에 속히 나아가 선악과 명령의 의문점에 대해 상세히 여쭈어야 함을 돕는 배필로서 남편 아담에게 간곡히 권면하기에 이른다.

선악과 명령의 본질

먹는 날에는 반드시 죽게 되는 선악을 알게 하는 나무를 굳이 눈에 잘 띄는 동산 중앙에 지으시고 아담에게 선악과 명령을 내리신 하나님의 진정한 의중은 곧 하나님이 내리신 선악과 명령의 의문점에 대해 아담이 하나님이 부여하신 자유의지로써 주저함 없이 하나님께 묻고 하나님의 가르침을 듣는 가운데 그의 자유의지로 깨달은 감동에 의한 자율적인 순종을 하나님께선 간곡히 바라셨던 것이다.

즉 자기만의 판단에 따른 자기의지에 의한 순종, 곧 무조건적인 복종이 아닌 하나님과의 긴밀한 소통을 통한 아담의 자유의지에 의한 순종을 바라셨던 것이다.

이러한 소통이 있게 될 때 하나님의 창조사역과 인류를 무너뜨리기 위해 매 순간 기회를 엿보며 에덴 주변을 맴도는 사탄이 왜, 어떻게 지금 에덴에 와 있는지에 대한 이유 곧 천국에서의 천사들의 타락과 징계에 관한 사실을 아담과의 대화를 통해 모두 가르쳐 주심으로써 영생의 인류를 죽음으로 몰아넣기 위한 사탄의 유혹을 사전에 완벽히 차단한 후에 인류를 잉태할 소중한 몸인 여자를 창조하고자 하심이 선악과 명령을 내리신 하나님의 진정한 의중이셨던 것이다.

아담의 영적 침체

하와의 간곡한 권면에도 불구하고 이에 대한 아담의 답변은 다음과 같았는바, 지혜자인 자신 역시 하와가 창조되기 전 동산에서 혼자 지낼 때에 하나님의 선악과 명령에 대해 지금의 하와와 같은 생각과 의문을 갖게 되었으나 하나님께서 자신을 창조하신 후 손수 이끄셔서 엿새 동안의 창조사역에 관한 모든 과정과 그 의미들을 자상히 가르쳐 주신 것과는 달리 두 종류의 나무를 무엇으로부터 왜 지켜야 하는지에 대한 이유와 선악과 명령에 담긴 선과 악과 죽음에 대해선 일체 말씀이 없으셨으므로 위대하신 엿새 동안의 창조사역을 다 이루시고 이제 안식을 취하실 하나님께 자신의 생각을 성급히 앞세우기보다는 하나님의 명령대로 따르는 것이 가장 우선되어야 한다는 생각에 지금까지 하나님께 여쭙지를 않게 되었다는 답변을 하게 된다.

이에 하와는 부부로서 한 몸인 자신들이 지금이라도 하나님 앞에 함께 나아가 하나님과의 소중한 소통의 시간을 갖기를 아담에게 여러 차례 권하게 된다.

그러나 안타깝게도 아담은 여태까지의 지혜롭고 현명한 자신의 모습과는 전혀 다른 면모를 보이게 된다.

물론 그 이전의 아담의 모습은 하나님의 위대하신 창조사역과 그 크신 권능에 대한 깊은 믿음과 지식으로써 아내 하와의 마음에 깊은 신뢰와 감명을 주던 자상한 믿음의 남편이요 하나님이 창설하신 에덴동산을 경작하며 생명나무와 선악을 알게 하는 나무를 지키고 네 개의 강의 발원지를 관리하던 부지런한 남편이었으며 또한 하나님이 지으신 각종 들짐승과 공중의 각종 새들의 이름을 그것들의 생김새와 행동들을 세심히 비교 관찰 하여 그에 합당한 이름들을 모두 지어주는 과정을 통하여 모든 생명에는 짝이 있음과 이러한 땅 위의 온갖 신비로운 생명체들을 말씀으로 창조하신 하나님 한 분만이 진정한 왕이시며 만물의 주재이심을 마음 깊이 깨달을 수 있게 된 지혜롭고 현명한 모습의 아담이었다.

그러나 이후 에덴에서의 수많은 시간이 지나는 동안 시간의 흐름에 전혀 영향을 받지 않은 그들 부부는 천혜의 자연환경 속에서 무엇 하나 부족함이 없는 안락하고 행복한 나날들을 보내는 가운데 자신을 신뢰하고 사랑하는 아내 하와의 돕는 내조로 인하여 몸과 마음이 한층 더 편해지게 된 아담이었던 것이다.

이와 같은 시간의 흐름 속에 선악과를 따 먹지만 아니하면 아무런 문제가 없는 현 상황에 점차 적응하여 안주하게 된 아담은 안타깝게도 자신들을 향한 창조주 하나님의 깊은 의중을 헤아릴 수 있는 영적 성숙의 단계로 나아가지 못한 채 육신의 안락함 속에 침체되고 만다.

따라서 하나님과의 소통의 시간을 갖기를 재차 권면하는 아내 하와를 향하여 아담이 이르길, 엿새 동안의 창조사역을 다 이루시고 이제 안식하고 계시는 하나님께 사사로운 자신들의 문제로 번거로움을 끼치는 것은 옳지 않은 행위이니 굳이 하나님께 여쭐 필요 없이 하나님의 명령대로 선악과를 따 먹지만 아니하면 된다는 주장 곧 하나님의 명령에 대해 대화가 필요 없이 자기의지에 의한 무조건적 복종만 하면 된다는 주장을 반복함으로써 하와의 말을 애써 외면하게 된다.

　이에 하와는 자신들을 향한 하나님의 간곡한 마음을 가슴 깊이 깨달을 수 있었지만 남편을 사랑하고 신뢰하기에 그의 주장을 존중하면서도 틈틈이 하나님의 의중을 전함으로써 남편의 생각이 바뀌기를 기다리기로 한다.

　그러나 하와의 오랜 시간 기다림에도 불구하고 아담은 아내 하와의 말을 귀담아듣지 않았으며 하와의 생각에 동조할 기미도 전혀 보이지 않게 된다.

4
하와의 독백

  그렇게 시간이 흘러가는 가운데 지혜자임에도 불구하고 선악과 명령에 담긴 하나님의 의중을 헤아리려고 하지 아니한 채 현실에 안주하여 영적으로 침체되어 가는 남편 아담을 안타까운 눈으로 지켜보던 하와가 하루는 마음의 답답함을 달래기 위해 늘 함께하던 남편 아담의 곁을 잠시 떠나 동산을 홀로 거닐며 처음으로 혼자만의 시간을 갖게 된다.

  그러던 하와의 발걸음이 어느새 동산 중앙의 생명나무와 선악을 알게 하는 나무의 옆을 지나치게 되면서 주변의 싱그러운 향기로 가득한 그 신비로운 나무의 열매들을 마주하게 된다.

  이에 하와가 가던 걸음을 멈추고 언제나 그러하듯 그 열매들을 바라보며 유독 선악을 알게 하는 나무의 열매만을 먹지 말라 하시며 먹는 날엔 반드시 죽으리라 명하시게 된 하나님의 의중을 다시금 헤아려 보며 깊은 생각에 잠기게 된다.

그 생각은 곧 만일 자신들이 지금이라도 하나님 앞에 함께 나아가 선악과 명령의 의문점에 대해 여쭙게 된다면, 하나님만이 알고 계시는 진실, 즉 먹으면 죽게 되는 선악과나무를 굳이 동산에 지으시게 된 이유와 그것을 눈에 잘 띄는 동산 중앙에 생명나무와 함께 두시게 된 이유, 곧 선악과 명령을 내리신 근본적인 원인을 자신들에게 소상히 알려주기를 간곡히 원하고 계시는 하나님이시라는 생각이었다.

하지만 자신들을 향한 하나님의 간곡한 마음에도 불구하고 이러한 중요한 문제에 대하여 하나님 앞에 나아가 여쭈기를 주저하며 하나님의 의중을 전혀 헤아리지 아니하는 그동안의 남편 아담의 모습을 생각하게 되자 그토록 사랑하고 신뢰하는 지혜로운 남편이었건만 도무지 이해할 수 없는 답답함과 남편을 불신하는 마음, 곧 선악과 명령은 물론 엿새 동안의 창조사역의 과정과 그 의미를 창조주 하나님으로부터 직접 들어 모두 깨우치게 되었다는 남편 아담의 주장에 대한 의구심이 하와의 마음 한편에 불현듯 싹트게 되매 이를 자신도 모르게 혼잣말로 되뇌게 된다.

바로 이때, 지난날 하나님의 깊으신 고뇌와 그 뜻에 의해 영원한 결박의 흑암에서 극적으로 혼자 풀려나 땅으로 쫓겨 내려온 이후로 오랜 세월 기회를 엿보던 사탄이 때마침 동산 중앙을 혼자 거닐다 선악과를 마주 보며 되뇌는 하와의 한숨 섞인 독백을 모두 엿듣게 된다.

이처럼 지난날 땅으로 쫓겨 내려온 사탄이 그 모습을 숨긴 채 에덴동산에서의 아담 하와 부부의 삶의 모습을 처음부터 오랜 시간 동안 지켜보는 가운데 선악과를 먹는 날엔 반드시 죽으리라는 아담을 향한 하나님의 선악과 명령을 모두 엿듣게 됨으로 말미암아 오직 그 기회가 도래하기만을 학수고대하던 사탄이 이제 그들 부부를 파멸시킬 절호의 기회를 마침내 포착하게 된 것이다.

따라서 자신에게 유일하게 허락된 능력, 곧 타락한 천사의 추악한 형상이 아닌 땅의 생물을 이용하여 그 형상으로 상대에게 말을 건넬 수 있는 능력을 사탄이 드디어 사용할 수 있게 된 것이다.

뱀의 유혹

이에 사탄이 들짐승 중에 가장 간교한 생물인 뱀을 이용하여 뱀의 형상으로 하와에게 접근한 다음 하나님과 아담 하와 부부와의 대화가 단절된 틈새에 끼어들어 사람의 언어로 말을 건네며 대화를 시도함으로써 울적한 마음의 하와의 호기심을 자극하여 관심을 사고 그 틈을 타 마침내 하와를 유혹하기에 이른다.

뱀, 즉 사탄이 하와에게 물어 이르되 "하나님이 참으로 너희에게 동산 모든 나무의 열매를 먹지 말라 하시더냐"

여자가 뱀에게 말하되 "동산 나무의 열매를 우리가 먹을 수 있으나 동산 중앙에 있는 나무의 열매는 하나님의 말씀에 너희는 먹지도 말고 만지지도 말라 너희가 죽을까 하노라 하셨느니라(창 3:1~3)"고 답변하기에 이른다.

이는 간교한 사탄이 남편 아담으로 인해 울적한 마음의 하와를 향해 사람의 언어를 사용하여 그릇된 질문을 의도적으로 던짐으로써 이에 대한 상대방의 답변을 유도하는 것인바, 이에 하와의 호기심이 동하게 되고 자신의 울적한 마음을 잠시라도 잊고자 하는 마음에서 신기하게도 사람의 말을 하는 뱀과의 대화를 계속 이어가고자 뱀이 그릇된 질문을 던진 것처럼 하와 역시 네가 먹는 날에는 반드시 죽으리라는 하나님의 말씀과는 다르게 열매를 먹으면 죽을까 하노라는 말로써 임의대로 하나님의 말씀을 변형하여 그릇된 답변을 하게 된 것이다.

　하와의 이러한 답변에 간교한 사탄이 하와의 마음을 재빨리 간파하고 이르길 "너희가 결코 죽지 아니하리라 너희가 그것을 먹는 날에는 너희 눈이 밝아져 하나님과 같이 되어 선악을 알 줄 하나님이 아심이니라(창3:4~5)"는 간악한 말로써 하와를 보다 적극 유혹하게 된다.

　사탄의 이러한 치밀하고 간교한 속삭임으로 말미암아 그동안 아담이 하와 자신에게 주의 깊게 알려줬던 하나님의 선악과 명령에 대해 정작 아담 자신은 소홀히 하는 그동안의 남편을 생각하자 아담을 향한 불신의 마음이 또다시 앞서게 되고 만다.

　따라서 먹는 날에는 반드시 죽으리라 말씀하신 그 나무의 열매를, 하나님의 의중을 올바로 헤아리고자 하던 여태까지의 하와의 순결한 눈이 아닌 사탄의 유혹에 현혹된 눈과 남편에 대한 불신의 눈으로 다시금 바라보매 그 열매가 먹음직도 하고 보암직도 하고 지혜롭게 할 만큼(선악이 무슨 의미인지 알 수 있게 할 만큼) 탐스

럽게만 보이는지라 안타깝게도 간교한 사탄의 유혹에 결국 하와가 넘어가게 됨으로 말미암아 결코 먹어서는 안 될 금단의 열매인 선악을 알게 하는 나무의 열매를 하와 스스로 손을 뻗어 따 먹게 되고 만다(창3:6).

하지만 자신에게 그 어떠한 변화도 일어나지 않음은 물론 그 열매의 독특한 향과 맛에 하와가 감탄하게 되는바 이에 사악한 사탄이 그 기회 또한 놓치지 아니하고 그 열매를 외로이 혼자 있을 남편 아담에게 속히 가져다주어 함께 먹을 것을 간교한 속삭임으로 종용하기에 이른다.

이러한 뱀의 간교한 속삭임이 있게 되자 잠시 잊고 있었던 남편 아담이 문득 생각나게 된 하와가 순간이라도 남편을 불신한 것에 대한 미안한 생각과 혼자 있을 남편 아담에 대해 안쓰러운 마음이 들게 된다.

이에 하와는 먹는 날에는 반드시 죽으리라 하신 선악을 알게 하는 나무의 열매를 먹었음에도 불구하고 몸에 아무런 증상이 없이 오히려 입안 가득한 독특한 향과 함께 너무도 맛있기만 한 이 열매를 혼자 있을 남편에게 어서 가져다주어 먹게 하고 싶은 마음만이 앞서게 된다.

따라서 조금 전까지도 선악과 명령을 내리신 하나님의 의중을 그토록 헤아리고자 하던 하와가 어느 순간 하나님의 명령을 까마득히 망각해 버린 채 그 열매를 하나씩 더 딴 후 양손에 꼭 쥐고선 동산 숲 사이에 혼자 있을 남편 아담을 향해 한걸음에 달려가게 된다.

선악과 명령에 대한 아담의 의심과 불순종

그리고선 숲 사이 잔디 위 나무에 기대어 홀로 앉아 있는 아담을 발견하곤 미안하고 반가운 마음에 뛰어와 그의 품에 안겨 누운 채 그 열매를 한입 베어 물며 다른 한 손의 열매를 아담에게 권하게 된다.

이처럼 열매를 한입 베어 물며 사랑스러운 눈으로 자신을 올려다보는 아내와 그가 내미는 상큼한 향의 열매를 놀란 눈으로 번갈아 바라보던 아담이 하와에게 왜 자신을 혼자 두고 어디에 가 있었는지를 묻게 된다.

이에 하와는 조금 전 동산 중앙을 거니는 자신에게 뱀이 스스로 다가와 신기하게도 사람의 말로써 말을 걸며 자신과 나누었던 대화의 내용들을 이야기하게 된다.

이처럼 아담이 하와의 이야기를 듣는 가운데 하와가 권하는 어딘가 눈에 익은 듯한 열매가 곧 먹는 날에는 반드시 죽으리라 하신 선악을 알게 하는 나무의 열매임을 비로소 알게 되고 소스라치게 놀라게 된다.

하지만 그 열매를 이미 먹은 하와에게 아무런 일도 일어나지 않음을 보고 의아해하면서도 사랑스러운 아내가 어여쁜 미소로 권하는 눈앞의 먹음직하고 보암직하게 잘 익은 탐스러운 그 열매들을 가까이 보게 되자 먹는 날에는 반드시 죽으리라 하신 하나님의 선악과 명령에 대한 의심이 아담의 마음속에 불현듯이 일게 된다.

따라서 감히 뱀이 사람의 말로 하와에게 접근하여 너희가 결코 죽지 아니하리라 너희가 그것을 먹는 날에는 너희 눈이 밝아져 하나님과 같이 되어 선악을 알 줄 하나님이 아심이니라는 말로써 아내를 유혹한 뱀의 말이 지난날 자신이 하나님께 직접 들은 준엄하신 선악과 명령에 정면으로 위배되는 내용임을 분명히 인식하였음에도 불구하고 아담은 이러한 비정상적이며 위급한 상황을 하나님께 고할 생각도 하지 아니한 채 하와가 건네주는 선악을 알게 하는 나무의 열매를 주저함 없이 받아먹게 되고 만다(창3:6).

위와 같은 모습은 하나님의 대리자요 지혜자인 아담이 무엇 하나 부족함이 없는 에덴에서의 안락함에 안주함으로 말미암아 하나님과의 소통은 물론 권면하는 아내와의 대화도 가급적 멀리한 채 영적으로 침체되어 있는 아담의 안타까운 모습을 여실히 보여주고 있는 것이다.

이처럼 한 몸인 그들 부부가 하나님의 준엄하신 선악과 명령을 망각하고 그 나무의 열매를 함께 먹게 됨으로써 인류에 들어온 죄가 결국 성립됨으로 말미암아 그들의 눈이 밝아져 자신들이 벗은 줄을 알게 되매 서로가 민망하여 무화과나무 잎을 엮어 치마로 삼게 된다(창3:7).

(아담 하와는 부부로서 한 몸이기에 하와가 먼저 선악과를 혼자 따 먹었을 때엔 불순종의 죄가 성립되지 아니하여 벗었음에 대한 부끄러움이나 불순종의 두려움이 없었지만 인류를 잉태할 한 몸인 그들 부부가 함께 선악과를 먹었을 때엔 그 불순종의 행위는 한 개인이 아닌 인류에게 들어온 죄로 성립됨으로 말미암아 비로소 그들의 눈이 밝아져 벗었음에 대한 부끄러움과 불순종의 두려움을 갖게 된 것이다)

이렇듯 간교한 사탄이 땅의 뱀을 이용하여 아담 하와 부부가 선악과를 따 먹도록 하는 일차적 목표를 마침내 이루게 되자 이번엔 그들 부부의 입에서 하나님의 창조사역을 부인하는 발언이 나오는 이차적 목표를 이루기 위해 이후의 상황을 숨죽여 지켜보기로 한다.

5
자유의지의 성경적 개념과 잃어버린 세 번의 기회

그들이 그날 바람이 불 때 동산에 거니시는 여호와 하나님의 소리를 듣고 아담과 그의 아내가 여호와 하나님의 낯을 피하여 동산 나무 사이에 숨은지라 여호와 하나님이 아담을 부르시며 그에게 이르시되 "네가 어디 있느냐" 이르되 "내가 동산에서 하나님의 소리를 듣고 내가 벗었으므로 두려워하여 숨었나이다" 이르시되 "누가 너의 벗었음을 네게 알렸느냐 내가 네게 먹지 말라 명한 그 나무 열매를 네가 먹었느냐(창3:8~11)"

물으시는 하나님의 준엄하신 음성이 마침내 아담에게 임하시게 된다.

그러자 곁에서 남편의 팔을 꼭 부여잡고 두려움에 떨고 있는 아내 하와의 손을 아담이 냉철히 뿌리쳐 멀리하며 원망의 눈빛으로 하와를 응시하는 가운데 이르길 "하나님이 주셔서 나와 함께 있게 하신 여자 그가 그 나무 열매를 내게 주므로 내가 먹었나이다(창3:12)"라는 답변을 하기에 이른다.

이러한 아담의 충격적인 답변에 마음이 무너지심을 느끼신 하나님께선, 남편 아담의 냉담한 태도와 원망의 눈빛으로 인해 몸 둘 바를 몰라 더더욱 두려움에 떨고 있는 하와를 안타까이 여기시고 이르시되 네가 어찌하여 이렇게 하였느냐고 물으시게 된다.

그러나 바로 이때 하와의 맞은편 숲 사이에 몸을 감추었던 사탄 곧 뱀이 그 모습을 드러내 몸을 곧추세운 채 갈라진 혀를 날름대며 자신의 유혹에 넘어간 하와를 의도적으로 비웃으며 조롱하는 모습을 순간 하와가 보게 됨으로 말미암아 분한 마음에 이르길 "뱀이 나를 꾀므로 내가 먹었나이다(창3:13)"라는 답변을 하게 되고 만다.

아담과 하와의 이러한 답변의 의미는, 선악과 명령에 담긴 하나님의 의중을 그토록 헤아리고자 하던 영적으로 성숙한 하와였음에도 불구하고 안타깝게도 남편 아담의 영적 침체로 인한 비협조로 인해 하나님이 그들 부부에게 부여하신 소중한 능력의 자유의지를 하나님과의 소통의 통로로 사용하지 아니함으로 말미암아 선악과 명령 이후 하와가 선악과를 따 먹기까지 하나님과의 대화가 단절됨에 따라 그 틈을 놓치지 아니한 사탄의 유혹에 현혹됨으로써 선악과 명령에 대한 불순종과 나아가 하나님의 창조사역을 부인하는 방향으로 자신들의 자유의지를 사용하였음을 의미하는 것이다.

하나님이 우리에게 부여하신 소중한 능력의 자유의지는 오직 하나님과의 긴밀하고 끊임없는 대화의 통로, 곧 기도의 통로임을 깊이 깨달아 아담과 같이 하나님과의 대화가 필요 없는 자기의지에 의한 무조건적인 복종이 아닌 하나님과의 대화를 통한 자유의지에 의한 순종을 바라시는 하나님이심을 선악과 명령을 통해 나타내고 계신 것이다.

하나님의 말씀과 명령에 대한 자기의지에 의한 복종의 결과는 아담처럼 그 책임을 하나님께 돌리고 상대방을 원망하는 것으로 그 끝을 맺게 되는 것이다.

이렇듯 선악과 명령에 대한 하나님의 의중을 올바로 헤아리지 못한 채 자기의지에 의한 무조건적인 복종을 한 아담으로 말미암아 인류를 파멸시키기 위한 사탄의 유혹을 사전에 차단하기 위해 하나님과 아담과의 소통의 매개체로서 선악을 알게 하는 나무를 에덴동산의 중앙에 지으신 하나님의 깊으신 뜻은 끝내 이루어지지 못하게 된다.

위의 상황들이 궁극적으로 의미하는 바는, 선악과 명령과 관련하여 아담 하와 부부가 하나님이 부여하신 소중한 능력의 자유의지로써 사탄의 유혹을 물리칠 다음과 같은 세 번의 기회가 있었음을 의미하는 것이다.

첫째는, 하나님의 선악과 명령의 의문점에 대해 하나님과의 적극적인 대화 곧 소통을 가짐으로써 사탄의 유혹을 사전에 차단할 기회,

둘째는, 먹는 날엔 반드시 죽으리라 하신 선악과 명령(창2:16~17)의 말씀에 근거하여 사탄의 유혹을 물리칠 기회,

셋째는, 선악과 명령에 불순종한 자신들의 잘못을 인정하고 진심으로 참회하여 하나님의 용서를 구할 기회 등 너무도 소중한 세 번의 기회가 있었음에도 불구하고 이를 모두 잃어버림으로 말미암아 인류에 들어온 불순종의 죄가 결국 성립되게 됨을 의미하는 것이다.

사탄의 주장

이렇듯 이 모든 상황을 숨죽여 지켜보던 사탄이 하나님과의 선악과 명령의 분쟁에서 자신이 승리를 거두었음을 확신하고 승리의 쾌재를 부르며 뱀에게서 떠나 추악한 사탄의 형상을 드러낸 가운데 큰 충격과 깊은 슬픔에 잠긴 하나님 앞에 감히 나아와 사악하기 이를 데 없는 자신의 주장을 늘어놓기에 이른다.

사탄이 이르길 하나님 이제 들으소서! 먹는 날에는 반드시 죽으리라 명하신 선악과를 아담 하와가 함께 먹어 하나님의 명령에 불순종하였으니 저들에게 경고하신 말씀대로 이제 저들 부부를 나 루시퍼 앞에서 당장 죽이소서!

뿐만 아니라 저들을 유혹하여 선악과를 먹게 한 나 루시퍼 역시 지금 죽여 저들과 함께 흔적도 없이 멸하여 버리소서! 라는 주장을 하게 된다.

사탄의 이러한 주장은 아담 하와가 하나님의 징벌을 받아 지금 당장 죽도록 하여 하나님의 창조사역이 물거품이 되도록 함과 동시에 선악과 명령의 분쟁에서 승리한 자신임에도 불구하고 스스로 하나님의 징벌을 받아 죽어 없어짐으로써 더는 자신을 향한 벌이 없도록 하기 위함이었다.

하지만 이러한 주장의 이면에는 자신은 비록 죽어 없어지더라도 선악과 분쟁의 승리에 의해 천국에 이미 들어온 불순종의 죄만큼은 영의 세계인 하나님 나라에 영원히 존재하게 됨으로 말미암아 궁극적으로는 하나님과의 분쟁에서 사탄 자신이 승리하게 된다는 간악하기 이를 데 없는 속셈의 주장인 것이었다.

(그렇다면 죄의 근원인 사탄과 천국에 들어온 죄를 동시에 완벽히 진멸하게 되는 때는 어떠한 경우일까? 그것은 곧 루시퍼가 자신의 죄를 스스로 인정하고 뉘우쳐 하나님 앞에 진심으로 참회함으로써 하나님의 용서하심을 받아 천사로서의 지위를 회복하는 경우와 그와는 반대로 용서받기를 단연코 거부하고 탐욕에 기인한 자신의 주장을 앞세워 하나님께 대항하다 자신의 생각과 주장이 결코 이루어질 수 없는 궤변에 불과함을 확연히 인식하고 스스로 포기하여 주저앉음으로써 하나님의 징벌에 의해 죄와 함께 진멸되는 경우이다)

하나님의 징벌

하지만 진리이신 하나님께선 사탄의 이러한 간악한 속셈을 모두 꿰뚫어 보심에 따라 사탄의 지시를 따른 뱀과 뱀을 이용하여 하와를 유혹한 사탄을 향해 이르시되 "네가 이렇게 하였으니 네가 모든 가축과 들의 모든 짐승보다 더욱 저주를 받아 배로 다니고 살아 있는 동안 흙을 먹을지니라(창3:14)", "내가 너로 여자와 원수가 되게 하고 네 후손도 여자의 후손과 원수가 되게 하리니 여자의 후손은 네 머리를 상하게 할 것이요 너는 그의 발꿈치를 상하게 할 것이니라(창3:15)"는 징벌의 말씀을 각각 선포하시게 된다.

특히 창3:15의 말씀의 의미는 장차 하나님께서 여자의 후손인 사람의 몸으로 친히 이 땅에 오셔서 인류의 죄를 대속하여 구원하시기 위한 포괄적 의미의 말씀인 것이다.

하지만 창3:15의 말씀 중 "여자의 후손은 네 머리를 상하게 할 것이요 너는 그의 발꿈치를 상하게 할 것이니라"는 말씀에 대해 모든 능력이 박탈당한 타락 천사에 불과한 사탄으로서는 창조주 하나님의 깊은 뜻이 함축된 포괄적 의미의 말씀을 당시엔 감히 헤아리지 못하게 된다.

이에 하나님께서 또 하와에게 이르시되 "내가 네게 임신하는 고통을 크게 더하리니 네가 수고하고 자식을 낳을 것이며 너는 남편을 원하고 남편은 너를 다스릴 것이니라(창3:16)" 하시고 아담에게 이르시되 "네가 네 아내의 말을 듣고 내가 네게 먹지 말라 한 나무의 열매를 먹었은즉 땅은 너로 말미암아 저주를 받고 너는 네 평생에 수고하여야 그 소산을 먹으리라 땅이 네게 가시덤불과 엉겅퀴를 낼 것이라 네가 먹을 것은 밭의 채소인즉 네가 흙으로 돌아갈 때까지 얼굴에 땀을 흘려야 먹을 것을 먹으리니 네가 그것에서 취함을 입었음이라 너는 흙이니 흙으로 돌아갈 것이니라(창3:17~19)"는 징벌을 각자에게 내리시게 된다.

이처럼 하나님의 준엄하신 징벌을 받은 그들 부부가 두려움에

서로 어찌할 바를 모르는 가운데 홀로 떨어져 울고 있는 아내 하와를 아담이 보고서 그 또한 회한의 눈물이 가득한 눈으로 아내를 바라보며 그의 이름을 비로소 하와라 처음 부르게 된다.

이는 오랜 시간 아내 하와의 권면에도 불구하고 여태껏 귀 기울이지 않은 것에 대한 미안함과 그러한 자신을 탓하지 아니한 고마운 마음에 아담이 그의 아내에게 다가가 그를 꼭 껴안으며 아내의 이름을 하와라 부르게 된 것인바, 이는 하나님께 모든 책임을 전가하고 아내를 원망한 자신과는 달리 영적으로 침체된 자신을 하나님 앞에서 탓하지 않은 하와가 장차 모든 산 자의 어머니가 될 소중한 생명의 몸임을 아담이 비로소 깨닫게 되었기 때문이다.

> 아담이 그의 아내의 이름을 하와라 불렀으니 그는 모든 산 자의 어머니가 됨이더라(창3:20)

이러한 그들을 안타까운 마음으로 바라보시던 하나님께서 두려움에 떠는 그들 부부를 긍휼히 여기시고 아담과 그의 아내를 위하여 짐승을 손수 잡으셔서 그 가죽으로 옷을 지어 입히시고 마침내 그들을 에덴동산에서 내보내어 그의 근원이 된 땅을 갈도록 하시게 된다(창3:21~22).

(이처럼 하나님께서 아담과 하와에게 가혹한 징벌을 내리신 진정한 이유는, 비록 그들이 불순종의 죄로 인하여 유한한 삶을 살다 죽어 흙으로 돌아갈 수밖에 없는 운명이 되었을지라도 아담 하와 부부, 곧 인류가 불순종의 죄를 짓기 전 선포하신 창

1:28의 축복의 말씀과 불순종의 죄를 지은 후 사탄에게 내리신 창3:15의 말씀 중 여자의 후손은 네 머리를 상하게 할 것이요 너는 그의 발꿈치를 상하게 할 것이니라는 저주의 말씀을 하나님의 때에 반드시 이루셔야만 하는 진리의 하나님이셨기에 선악과 명령에 불순종한 그들 부부에 대해 당장의 육체적인 죽음을 면하도록 하기 위하여 마음의 비통함을 억누르며 그토록 사랑하는 그들임에도 불구하고 가혹한 징벌로써 대신하신 것이다)

사탄의 요구와 공중 권세의 내용

그러자 땅에 바짝 엎드린 채 자신에게 내려진 창3:15의 징계의 말씀의 진정한 의미가 무엇인지를 곱씹으며 아담 하와를 향한 하나님의 처분을 예의주시하던 사탄이 하나님의 처분에 고개를 쳐들어 감히 주장하길, 하나님의 명령에 불순종한 저들 부부를 나와 함께 지금 죽여 멸하지 아니하고 이처럼 에덴에서 내보내는 징계로 대신한다면 나 역시 저들과 마찬가지로 지금 죽임을 당할 수 없음은 물론이요, 그에 더해 선악과 분쟁에서 승리를 거둔 나 루시퍼인 만큼 지난날 나에게 부여한 천사 대장으로서의 큰 권능들을 나의 반란의 실패로 인하여 모두 박탈한 공의의 하나님이셨으니 이제 선악과 분쟁에서 당당히 승리한 나 루시퍼에게 하나님의 공의로서 그 승리의 대가를 지금 허락하소서라는 무례하기 이를 데 없는 주장을 하게 된다.

그리고선 엎드린 채 하나님의 눈치를 살피던 그가 계속하여 주장하길 저들 부부에게 번성하여 땅에 충만하라 하셨으니 앞으로 불순종의 원죄를 지닌 채 땅 위에 태어날 저들 부부의 후손들 중 상당수는 나에게 속한 자들이니 그들의 영혼을 취할 권세인 공중 권세와 나에게 속하지 아니한 자들을 참소할 권세인 공중 권세를 나에게 지금 허락하여 장차 내가 취하게 될 그 영혼들이 곧 선악과 분쟁의 승리의 전리품이 되게 하소서라는 사악하기 이를 데 없는 주장을 하기에 이른다.

여기서 사탄이 하나님께 요구한 공중 권세란 다음의 두 가지 내용의 권세를 의미하는바,

첫째는 장차 땅 위에 태어날 아담 하와의 후손들 중 하나님을 믿고 섬기는 영혼들은 예외로 하되 하나님을 믿지 않는 영혼들과 하나님을 섬기는 믿음에서 멀어져 가는 영혼들을 취할 권세를 허락해 달라는 것과

둘째는 하나님을 온전히 믿고 섬기는 영혼들일지라도 언제든 그들을 참소하기 위해 천국의 문을 두드림으로써 하나님의 아들들인 천사들의 회중에 참석하여 하나님 앞에서 믿음의 사람들을 참소할 수 있는 권세를 허락해 달라는 내용이 곧 사탄이 말하는 공중 권세인 것이다.

이처럼 하나님의 눈치를 살피며 선악과 분쟁의 승리의 대가로 공중 권세를 허락해 줄 것을 집요하게 요구하던 사탄이 또 계속하여 주장하길 하나님 들으소서, 공중 권세와 함께 요구할 사항이 하나 더 있는바 영원한 결박으로 모든 능력이 박탈당한 채 흑암 속에 갇혀 있는 나의 부하 천사들 또한 흑암에서 풀어주되 나

루시퍼가 요구하는 때에 그들을 지체없이 풀어주소서라는 주장을 하게 된다.

(사탄의 주장대로 후일 자신의 부하 귀신들을 흑암에서 풀어줄 것을 하나님께 요구하는 그때가 곧 유1:6에 기록된 큰 날의 심판인 노아의 대홍수를 앞둔 때이다. 이러한 관점에서 볼 때 유1:6의 자기 지위를 지키지 아니하고 자기 처소를 떠난 천사들을 큰 날의 심판까지 영원한 결박으로 흑암에 가두셨으며라는 말씀은 벧후2:4~5의 말씀, 곧 하나님이 범죄한 천사들을 용서하지 아니하시고 지옥에 던져 어두운 구덩이에 두어 심판 때까지 지키게 하셨으며 옛 세상을 용서하지 아니하시고 오직 의를 전파하는 노아와 그 일곱 식구를 보존하시고 경건하지 아니한 자들의 세상에 홍수를 내리셨으며라는 내용의 말씀과 같은 맥락의 말씀임을 알 수 있다)

이처럼 무례하고 뻔뻔하기 그지없는 사탄의 주장에 대해 전지전능하신 하나님이심에도 불구하고 아담 하와를 당장의 죽음으로부터 지키시기 위함과 공의이신 하나님의 속성으로 말미암아 선악과 분쟁에서 승리한 사탄에게 그가 요구하는 공중 권세와 후일 그의 부하 귀신들을 흑암에서 풀어주는 것에 대해 비통하고 참담하기 이를 데 없는 심정으로 하나님께선 이를 허락하실 수밖에 없게 된다.

6

에덴동산에서의 아담 하와의 추방과 그 뒤를 쫓는 사탄

    이처럼 선악과 분쟁의 승리의 대가로 공중 권세를 하나님께 허락받음으로써 자신의 소기의 목적을 이루게 된 사탄이 속으로 쾌재를 부르는 가운데 아담과 하와가 그들을 창조하신 하나님으로부터 에덴에서 쫓겨나는 상황을 모두 지켜보게 되는바 지난날 현명한 지혜자인 아담과 영적으로 성숙하던 하와가 자신의 유혹에 넘어가 하나님의 선악과 명령에 불순종함으로써 이제 영생의 에덴에서 죽음의 세상으로 쫓겨나는 모습을 바라보며 스스로 생각하길, 저토록 나약하기 이를 데 없는 존재들이 과연 온갖 신비로운 생명체들과 신비로운 미지의 물질로 가득한 땅 지구를 정복하고 다스릴 만한 존재이며 장차 천국의 천사들이 섬겨야 할 존재란 말인가?

    나 스스로 단연코 맹세하건대 천국에서의 천사 대장으로서의 지위와 권능들을 모두 저버리고 하나님으로부터 쟁취한 나의 공중 권세로서 장차 태어날 저들 부부의 후손들, 즉 나의 머리를 상하게 할 여자의 후손들을 땅 위에 하나 남김없이 다 집어삼켜 나의 종노릇하게 하리라는 저주와 비장한 결의 속에 사탄이 하나님 앞을 물러나 에덴동산을 떠나게 된다.

마찬가지로 아담 하와 역시 하나님과 함께하던 영생의 땅 에덴동산을 떠나 죽음이 기다리는 미지의 세상을 향해 힘겨운 발걸음을 옮기게 된다.

바로 이때 그러한 아담 하와 부부를 사탄이 밀 까부르듯 하며 비웃는 가운데 그들의 뒤를 줄곧 따라가게 되는바, 이는 그들 부부의 후손들 중 첫 번째 여자의 후손을 표적으로 삼아 자신의 공중 권세에 의한 최초의 종으로 세우기 위함이었으며 또한 하나님이 선포하신 창3:15의 말씀 가운데 여자의 후손은 네 머리를 상하게 할 것이요 너는 그의 발꿈치를 상하게 할 것이니라는 말씀의 진정한 의미가 과연 무엇인지를 아담 하와 부부와 그들의 후손들을 통해 명확히 알아내고자 그들 부부의 뒤를 쫓게 된 것이다.

이처럼 아담 하와 부부의 뒤를 밀 까부르듯 하며 쫓는 공중 권세 잡은 사탄을 하나님께서 바라보시며 죄에서 결코 자유로울 수 없을 그들 부부의 앞날이 심히 염려가 되신 하나님께선 아담 하와 부부와 장차 태어날 그들의 후손들 곧 인류를 공중 권세 잡은 사악한 존재와 그 죄로부터 지키고 보호하시기 위하여 비로소 전지전능하신 창조주 하나님의 절대주권으로서 장차 땅 위에 전개될 불행한 인류의 미래를 시공간을 초월하여 최초로 모두 보시게 된다.

(이후의 내용은 제5부 영혼 구원의 예정과 그 시점의 장에서 계속 이어지게 된다)

제4부

에베소서 1:4~6 말씀에 대한 하나님의 시각

3: 찬송하리로다 하나님 곧 우리 주 예수 그리스도의 아버지께서 그리스도 안에서 하늘에 속한 모든 신령한 복을 우리에게 주시되

4: 곧 창세전에 그리스도 안에서 우리를 택하사 우리로 사랑 안에서 그 앞에 거룩하고 흠이 없게 하시려고

5: 그 기쁘신 뜻대로 우리를 예정하사 예수 그리스도로 말미암아 자기의 아들들이 되게 하셨으니

6: 이는 그가 사랑하시는 자 안에서 우리에게 거저 주시는 바 그의 은혜의 영광을 찬송하게 하려는 것이라

1
하나님의 관점

　인류를 향한 하나님의 구원의 예정과 관련하여 기독교계에서 제기된 여러 예정론, 곧 이중예정론, 예지예정론, 조건예정론 등의 출발점이 된 에베소서1:4~6의 말씀에 대해 로마의 옥중에서 이 말씀을 기록한 사도바울은 과연 어느 관점에서 위 말씀을 기록하게 된 것일까?

　16세기 위대한 종교개혁가 마틴 루터의 뒤를 이어 종교개혁을 완성한 2세대 개혁가 장 칼뱅 또한 사도바울의 엡1:4~6의 말씀을 어느 관점에서 바라보며 해석하였던 것일까?

　당연히 두 사람 모두 창세전의 하나님의 관점에서였을까?

　아니면 피조물인 우리들의 관점에서였을까?

　엡1:4~6의 말씀은 하나님께서 우리를 택하시고 예정하시고 양자 삼으신 내용의 말씀이다.

따라서 사도바울의 엡1:4~6의 말씀을 하나님의 뜻에 합당하게 올바로 해석하고 이해하기 위해서는 이 말씀을 어느 시각과 관점에서 바라보며 해석하느냐가 그 무엇보다 중요하다.

왜냐하면 창세전에 그리스도 안에서 우리를 택하신 분은 창세전부터 계신 하나님이시기 때문이다.

이 말의 의미는 곧 창세전부터 스스로 있는 자(출3:14)이시며 죄와는 전혀 무관하신 창세전의 하나님의 시각으로 이 말씀을 바라보아야 엡1:4~6의 말씀 속에 함축된 하나님의 의중을 하나님의 관점에서 올바로 헤아릴 수 있다는 의미이다.

이러한 맥락에서 볼 때 엡1:4~6의 말씀은 사도바울이 깊은 기도와 묵상 가운데 성령의 인도하심을 따라 창세전의 하나님의 관점에서 기록한 것은 당연한 일이다.

그렇다면 장 칼뱅 역시 엡1:4~6의 말씀을 사도바울처럼 창세전의 하나님의 관점에서 바라보며 해석하였던 것일까?

오늘날 우리들 또한 엡1:4~6의 말씀을 피조물인 우리들의 관점이 아닌 창세전의 하나님의 관점에서 바라보며 해석하고 있는 것일까?

이 질문에 답하기 위하여 엡1:4~6의 말씀을 창세전의 하나님의 관점과 피조물인 우리들의 관점으로 구분하여 바라볼 때 이 말씀이 각각 어떤 의미로 해석되는지 살펴보기로 하자.

엡1:4~6에 기록된 네 번의 우리 중 첫 번째 우리에 관한 해석

곧 창세전에 그리스도 안에서 "우리"를 택하사~(엡1:4)

엡1:4의 말씀 중 첫 번째 우리가 의미하는 바는 장차 창조될 아담 하와 부부로부터 온 땅에 충만하게 될 죄와 무관한 미래의 후손들 곧 삼위일체이신 그리스도 안에서 창세전에 택함받은 죄가 들어오지 아니한 미래의 전 인류를 상징하는 의미의 우리인 것이다.

즉 첫 번째 우리의 의미는 하나님 나라의 상속자로서 미래에 이 땅 위에 태어나게 될 죄가 들어오지 아니한 전 인류를 의미하는 것이다.

이는 죄와는 전혀 무관하신 하나님께서 창세전에 우주 만물과 인류를 창조하실 계획을 세우실 때에 장차 아담 하와 부부로부터 태어나 온 땅에 충만하게 될 죄와 무관한 모든 인류를 삼위일체이신 그리스도 안에서 한 사람도 빠뜨리거나 버림 없이 하나님의 사랑으로 택하심으로 말미암아 땅 위의 모든 인류가 하나님의 자녀들, 곧 하나님 나라의 상속자로서의 자격을 창세전에 이미 하나님으로부터 부여받았다는 의미이다.

따라서 엡1:4에 대한 위와 같은 해석이 창세전에 그리스도 안에서 우리를 택하신 하나님의 의중인 것이다.

엡1:4~6에 기록된 네 번의 우리 중 나머지 세 번의 우리에 관한 해석

~"우리"로 사랑 안에서 그 앞에 거룩하고 흠이 없게 하시려고 그 기쁘신 뜻대로 "우리"를 예정하사 예수 그리스도로 말미암아 자기의 아들들이 되게 하셨으니 이는 그가 사랑하시는 자 안에서 "우리"에게 거저 주시는 바 그의 은혜의 영광을 찬송하게 하려는 것이라(엡1:4~6)

엡1:4~6의 말씀 중 뒷부분의 나머지 셋의 우리가 의미하는 바는, 원죄로 인한 자범죄의 흠결이 있게 될 오늘날의 우리들을 의미하는 것으로서 원죄와 자범죄의 흠결로 인하여 모두가 멸망의 길로 갈 수밖에 없는 우리들을 사랑 안에서 하나님 앞에 거룩하고 흠이 없게 하시려고 하나님의 기쁘신 뜻대로 우리를 예정하셔서 부활하신 예수 그리스도를 믿는 믿음으로 말미암아 하나님의 자녀가 된 오늘날의 우리들로 하여금 그가 사랑하시는 자 안에서 하나님의 은혜의 영광을 찬송하게 하려고 우리에게 거저 주시는 은혜임을 상징하는 의미의 우리인 것이다.

한마디로 뒷부분의 나머지 셋의 우리의 의미는 원죄와 자범죄의 흠결로 인하여 멸망할 수밖에 없는 우리들을 죄로부터 구원하시고자 그 기쁘신 뜻대로 (하나님이 정하신 시점에서) 우리를 예정하심으로써 부활하신 예수 그리스도를 믿는 믿음으로 말미암아 구원받을 상속자(히1:14), 곧 하나님 나라의 상속자로서 하나님이 양자 삼으신 오늘날의 우리를 의미하는 것이다.

이것이 곧 엡1:4~6의 말씀에 기록된 우리에 관한 사도바울의 생각이며 엡1:4~6 말씀을 바라보시는 하나님의 시각임을 분명히 인지해야 한다는 것이다.

_(단, 엡1:3에 기록된 우리는 엡1:4~6의 우리의 개념을 모두 포함한 총칭적 개념의 우리이다)

창세전의 하나님의 계획

이처럼 엡1:4~6의 말씀을 하나님의 시각에서 바라보며 하나님의 관점에서 헤아리게 되면 하나님께서 창세전에 우주 만물과 인류를 창조하실 계획을 세우실 때에 장차 땅 위에 충만하게 될 수많은 사람들 중에 특정 인물들을 미리 예정하여 택하심으로써 구원의 반열에 들게 될 영혼과 택하지 않으심으로써 구원의 반열에 들지 못할 영혼으로 구분할 그 어떠한 계획이나 생각을 전혀 하지 않으신 하나님이심을 확연히 깨닫도록 인도하신다는 것이다.

이와 같은 진실이 곧 우주 만물과 인류를 창조하시고자 하던 창세전의 하나님의 계획과 생각이셨으며 이는 사도바울의 엡1:4~6의 말씀과 관계없이 창세전부터 모든 인류에게 적용되는 창세전의 하나님의 계획이신 것이다.

이러한 관점에서 볼 때 천사가 타락하여 천국에 죄가 들어오고 그 죄가 아담 하와를 선악과로 유혹하여 불순종의 원죄가 인류에 들어오게 되고 그로 인해 아담 하와가 에덴동산에서 추방되고 나아가 그 죄가 장자 가인의 살인으로 이어짐에 따라 인류의 중심에 죄악성이 뿌리를 내려 그 죄악이 온 세상에 가득함으로 말미암아 하나님께서 사람 지으신 것을 한탄하사 마음에 근심하시고 결국엔 땅 위에 창조하신 모든 생명을 물로써 지면에서 쓸어버리는 그러한 비극적 결말의 계획을 진리이신 사랑의 하나님께서 창세전부터 하나님의 예정 가운데 계획하시거나 구상하실 이유가 전혀 없으신 하나님이셨음을 명확히 깨닫도록 하신다는 것이다.

만일 그러한 하나님이시라면 하나님 스스로 사랑과 진리의 하나님이 아니심을 인정하는 모순에 빠지고 마는 것이다.

왜냐하면 백 마리의 양 중 잃어버린 양 한 마리를 찾아내기까지 찾으시는 사랑의 하나님이심을 비유로 가르치신 예수님의 말씀(눅15:4)에 대해 하나님 스스로 이를 부인하는 모순된 결과가 되기 때문이다.

다시 말해 하나님께서 창세전에 삼위일체이신 그리스도 안에서 장차 땅 위에 충만하게 될 죄와 무관한 모든 인류를 아무 조건 없이 하나님 나라의 상속자로서 하나님의 자녀로 택하신 것이지 창세전에 특정 인물들만을 미리 예정하여 택하신 것이 결코 아니라는 것이다.

이처럼 창세전에 인류를 향하신 창조주 하나님의 흠결 없는 이 놀라운 계획과 그 기뻐하시는 마음은 창1:27~31의 말씀에 잘 나타나 있는바, 곧 여섯째 날 아담 하와를 지으시고 죄가 들어오지 아니했기에 죽음이 없는 그들 부부와 그들의 후손인 죽음이 없는 미래의 인류를 향하여 내리신 창1:28의 생육하고 번성하여 땅에 충만하라 땅을 정복하라 바다의 물고기와 하늘의 새와 땅에 움직이는 모든 생물을 다스리라는 놀라운 축복의 말씀과 창1:31의 엿새 동안 지으신 그 모든 것을 보시고 심히 기뻐하시는 전지전능하신 창조주 하나님의 거룩하시며 순결하신 그 모습과 마음에 온전히 잘 드러나 있음을 알 수 있는 것이다.

2
우리들의 관점

여기서 말하는 우리들의 관점이란 앞에 언급한 창세전의 하나님의 관점과는 대조되는 개념인바, 창세전에 하나님께 택함을 받음으로써 구원의 반열에 들게 될 영혼과 창세전에 택함을 받지 못함으로써 구원의 반열에 들지 못하게 될 영혼의 두 부류로 구분 지어 하나님께서 창세전에 지금의 우리를 택하셨다는 시각이 곧 우리들의 관점인 것이다.

이렇듯 창세전의 택함의 문제를 죄와는 전혀 무관하신 창세전의 하나님의 관점이 아닌, 죄 가운데 있는 피조물인 우리들의 관점으로 바라보게 된다면 모든 인류는 오직 창조주 하나님께 창세전에 택함을 받고 태어났느냐 아니면 택함을 받지 못하고 태어났느냐는 극단적 선택의 어느 한편에 해당될 수밖에 없는 운명이 되고 마는 것이다.

이러한 해석은 하나님의 형상을 따라 하나님의 모양대로 창조되어 장차 지구상에 태어나게 될 수많은 생명들이 아직 현실적으론 태어나지도 않아 죄와는 전혀 상관이 없음에도 불구하고 그들 중 절반 이상이 창세전에 하나님의 선택을 받지 못함으로 말미암아 우주 만물이 창조되기 전부터 불신자로 낙인됨으로써 선택받지 못한 이들이 이후 세상에 태어나 평생을 방황하는 삶을 살다 결국엔 영원한 지옥의 불 못으로 던져질 수밖에 없는 비극적 운명이 되도록 사랑의 하나님께서 창세전부터 미리 예정하셨다는 모순된 해석이 되고 마는 것이다.

　이처럼 피조물인 우리들의 관점에 의한 엡1:4~6의 해석은 진리이신 사랑의 하나님을 도무지 이해할 수 없는 이상한 하나님으로, 잔인하기 이를 데 없는 두려운 하나님으로 우리들의 의식 한 편에 각인되도록 한다는 것이다.

3
하나님의 관점에 의한 구체적 해석

　이러한 사실에 유의하여 사도바울이 로마의 옥중에서 깊은 기도 가운데 성령의 인도하심으로 기록한 엡1:4~6의 말씀을 오직 성령의 인도하심을 따라 창세전의 하나님의 관점에서 헤아릴 때 이 말씀은 아래와 같은 보다 구체적인 의미로 해석된다.
　곧 창세전에 삼위일체이신 그리스도 안에서 우리, 즉 장차 지구상에 태어날 미래의 전 인류를 성부 하나님의 영원하신 사랑으로 아무런 조건 없이 하나님의 자녀들로 택하신 것이며 이는 모든 인류를 창세전부터 하나님 나라의 상속자로 삼으실 것을 계획하신 것이다.
　이는 그가 사랑하시는 자 안에서 모든 인류에게 거저 주시는 은혜로서 오직 그들로 하여금 여호와 하나님의 크신 은혜의 영광을 찬송하게 하려는 것이 그 이유인 것이다.

그러나 천국에서의 천사 대장 루시퍼의 타락으로 말미암은 에덴에서의 아담 하와의 불순종의 원죄와 이후 그 후손들의 자범죄의 흠결로 인해 멸망할 수밖에 없는 우리를 사랑 안에서 하나님 앞에 거룩하고 흠이 없게 하시려고 그 기쁘신 뜻대로 하나님이 정하신 시점에서 우리를 예정하사 이후 구속의 주로 이 땅에 오신 예수 그리스도로 말미암아 하나님의 자녀들이 되게 하셨으니 이는 그가 사랑하시는 자 안에서 부활하신 예수 그리스도를 구주로 영접한 이방인들을 비롯한 모든 자에게 거저 주시는 은혜로서 부활하신 그리스도의 사랑 안에서 하나가 된 오늘날의 우리들로 하여금 여호와 하나님의 은혜의 영광을 찬송하게 하려는 것이 그 목적이며 이유라는 해석이 곧 엡1:4~6 말씀을 바라보시는 죄와 무관하신 창세전의 하나님의 시각인 것이다.

이처럼 사도바울은 위와 같은 내용, 즉 이방인들에 대해 하나님이 감추신 천국과 인류에 관한 복음의 비밀을 로마의 옥중에서 성령의 인도하심을 따라 에베소서의 내용 중에 기록하여 에베소 교인들과 소아시아 지역의 여러 교회들에게 담대히 알리고자 하였던 것이다.

> 또 나를 위하여 구할 것은 내게 말씀을 주사 나로 입을 열어 복음의 비밀을 담대히 알리게 하옵소서 할 것이니(엡6:19)

하나님의 시각과 하나님의 관점의 의미

　그렇다면 우리들의 관점과 대조되는 개념으로서 성경 말씀을 하나님의 시각으로 바라보며 하나님의 관점에서 헤아린다는 것은 구체적으로 무엇을 의미하는 것일까?

　성경 말씀을 하나님의 시각에서 바라보며 하나님의 관점에서 헤아릴 수 있기 위해선 먼저 하나님의 허락이 계셔야 하는바, 이는 자신의 삶을 하나님 앞에 온전히 내려놓는 통렬한 회개가 반드시 선행되는 가운데 하나님을 향한 본질적인 부르짖음 곧 여호와 하나님이 어떤 분이신지를 감히 알기를 원하는 간곡한 눈물의 기도가 하나님 앞에 반드시 있어야 함을 의미하는 것이다.

　이러한 본질적인 부르짖음 가운데 성령의 인도하심을 따라 성경 말씀을 하나님의 시각으로 바라보게 된다는 것은, 주제가 되는 말씀의 내용에 대해 그 전체를 보는 넓은 영안을 하나님께서 허락하신다는 의미이다.

　또한 성경 말씀을 하나님의 관점에서 헤아리게 된다는 것은, 우리가 알지 못하는 크고 은밀한 일, 즉 주제가 되는 말씀 속에 감추신 하나님의 의중을 피조물인 우리가 감히 헤아릴 수 있도록 하나님께서 허락하신다는 의미이다.

　즉 주제가 되는 말씀의 본질을 올바로 깨닫도록 인도하시는 것이다.

　따라서 위와 같은 진실에 유의하여 엡1:4~6의 말씀 가운데 반드시 주목해야 할 내용은 엡1:4의 "우리를 택하사"라는 말씀과 엡1:5의 "우리를 예정하사"라는 말씀 속에 감추신 복음의 비밀인 것이다.

  위의 말씀들을 하나님의 시각과 관점에서 바라보며 헤아리게 되면 이 말씀 속에 함축된 진정한 의미는, 성부 하나님께서 인류를 택하신 시점과 예정하신 시점이 각기 다를 뿐 아니라 그 대상도 흠결, 곧 죄의 유무를 기준으로 구분함으로써 그 의미에 차이가 있음을 확연히 깨닫게 하신다는 것이다.

  즉 영생을 얻을 자와 영벌을 당할 자를 창세전에 단번에 예정하였다는 장 칼뱅의 이중예정론과는 달리 하나님께선 인류의 영혼 구원에 관한 문제를 창세전에 한 번에 택하여 예정하신 것이 결코 아니라는 것이다.

  정확히 말하자면, 창세전에 삼위일체이신 그리스도 안에서 장차 땅 위에 태어나게 될 죄와 무관한 모든 인류를 아버지 하나님 나라의 상속자로 택하셨으나 이후 사탄의 유혹에 의한 선악과 명령의 불순종의 원죄와 그로 인한 자범죄의 흠결이 있게 될 우리였으므로 우리로 사랑 안에서 그 앞에 거룩하고 흠이 없게 하시려고 하나님이 정하신 시점에서 그 기쁘신 뜻대로 양자의 영을 받을 우리들을 예정하심으로써 부활하실 예수 그리스도로 말미암아 자기의 아들들이 되게 하신 하나님이시란 것이다.

  이 말씀의 의미는 그 기쁘신 뜻대로 우리를 예정하신 시점이 창세전이 결코 아니라, 하나님의 뜻에 의해 감추신 하나님이 정하신 시점에서 예정하셨음을 의미하는 것이다.

상속자와 양자

이와 관련한 증거의 말씀이 곧 "너희는 다시 무서워하는 종의 영을 받지 아니하고 양자의 영을 받았으므로 우리가 아빠 아버지라 부르짖느니라 성령이 친히 우리의 영과 더불어 우리가 하나님의 자녀인 것을 증언하시나니 자녀이면 또한 상속자 곧 하나님의 상속자요 그리스도와 함께 한 상속자니 우리가 그와 함께 영광을 받기 위하여 고난도 함께 받아야 할 것이니라(롬8:15~17)"는 말씀이다.

이 말씀의 의미는, 그 기쁘신 뜻대로 하나님이 정하신 시점에서 양자의 영을 받을 우리를 예정하심으로 말미암아 이후 양자의 영을 받은 이방인들을 비롯한 모든 하나님의 자녀 역시 창세전에 택함받은 하나님 나라의 상속자임을 성령께서 증언하고 계신 것이다.

위의 내용을 하나님의 관점에서 헤아리게 되면 다음과 같다.

즉 아담 하와의 에덴동산 이후 인류의 새로운 출발의 기회였던 노아의 대홍수 이후에도 땅 위의 모든 인류가 공중 권세 잡은 사탄의 영에 종속됨으로 말미암아 그 마지막이 결국엔 다 함께 멸망의 길로 치닫게 되는 것을 아벨의 죽음 이후 하와가 셋을 임신했을 당시에 시공간을 초월하여 모두 꿰뚫어 보신 하나님께선 이루 말로 할 수 없는 크나큰 충격을 받으시게 된다.

이에 진리이신 하나님께선 앞서 선포하신 창1:28의 말씀과 창3:15의 말씀을 반드시 이루어야 함을 절실히 인식하시게 된다.

따라서 하나님께선 창1:28의 말씀과 창3:15의 말씀을 하나님의 때에 이 땅 위에 반드시 이루시기 위하여 무서워하는 종의 영, 곧 악한 사탄의 영에 결코 종속되지 아니할 하나님의 사람들을 미리 예정해 두어야 함을 깊이 인식하시게 된다.

이에 하나님께선 깊은 고뇌와 숙고 가운데 그 기쁘신 뜻대로 하나님이 정하신 시점에서 장차 죄악의 길을 벗어나 하나님의 품으로 돌아오게 될 영혼들을 한 영혼 한 영혼 손수 모두 예정하시게 된다.

즉 하나님의 영인 양자의 영을 받음으로 말미암아 여호와 하나님을 아빠 아버지라 부르게 될 하나님의 자녀들을 창세전이 아닌 대홍수 이전에 그 기쁘신 뜻대로 하나님이 정하신 시점에서 창조주 하나님의 절대주권으로서 마침내 모두 예정하시게 된 것이다. 할렐루야!

4

그 기쁘신 뜻대로
우리를 예정하신 시점

　그렇다면 그 기쁘신 뜻대로 우리를 예정하신 시점, 즉 창세 이후 인류의 영혼 구원의 예정에 관하여 하나님이 정하신 시점은 과연 성경상의 어느 시점을 뜻하는 것일까?
　하나님의 깊으신 고뇌와 그 뜻에 의해 하나님이 정하셔서 성경에 기록된 거룩한 그 시점은 곧 그리스도의 희생과 부활을 상징하는 아벨의 죽음과 셋의 출생 사이의 시점인 것이다.
　바로 이 시점에서 하나님께선 창조주 하나님의 절대주권으로서 인류의 구원을 위한 영혼 구원의 예정과 토기장이 하나님, 아기 예수의 탄생과 십자가 희생, 그리스도의 부활과 승천, 그리스도의 재림, 천년왕국 및 새 하늘과 새 땅에 이르기까지의 모든 내용을 아벨의 죽음과 셋의 출생 사이의 시점, 즉 아벨의 희생 후 하와가 다시 임신하게 된 시점에서부터 셋을 출산하기까지의 10

개월간의 시점에서 하나님께서 이 모두를 보다 구체적으로 완벽히 예정하시게 되었다는 것이다.

즉 사탄의 영에 종속되어 멸망의 길로 치닫는 인류를 하나님의 깊은 고뇌와 숙고 가운데 하나님이 정하신 때에 하나님의 품으로 돌아오게 될 영혼들과 예수 그리스도의 보혈의 공로로 구원에 이를 영혼들을 아벨의 죽음과 셋의 출생 사이의 시점에서 창조주의 절대주권으로서 한 영혼 한 영혼 손수 예정하시게 된 것이다.

다시 말해 앞서 선포하신 창1:28의 말씀과 창3:15의 말씀에 대한 구체적인 계획과 그 실행의 때를 아벨의 죽음으로 인한 셋의 출생의 10개월간의 시점에서 하나님의 뜻 가운데 완벽히 예정하신 것이다.

그 세밀한 증거의 말씀이 곧 그가 모든 지혜와 총명을 우리에게 넘치게 하사 그 뜻의 비밀을 우리에게 알리신 것이요 그의 기뻐하심을 따라 그리스도 안에서 때가 찬 경륜을 위하여 예정하신 것이니 하늘에 있는 것이나 땅에 있는 것이 다 그리스도 안에서 통일되게 하려 하심이라(엡1:8~10)는 말씀이다.

위 말씀 중 "그 뜻의 비밀"의 의미를 하나님의 관점에서 헤아리게 되면, 하나님의 뜻에 의해 감추신 복음의 비밀 곧 창세 이후 하나님이 정하신 시점인 아벨의 죽음과 셋의 출생의 10개월간의 시점에서 인류를 향한 하나님의 완벽한 영혼 구원의 예정(그리스도 안에서 때가 찬 경륜을 위한 예정)을 하셨음을 의미하는 것인바, 이는 곧 그리스도로 인한 대속을 의미하는 것으로서 이 땅에 생명의 빛으로 오신 그리스도께서 인류를 구속하시기 위해 십자가 희생

후 부활하심으로 말미암아 부활하신 예수 그리스도를 영접한 이 방인들을 비롯한 모든 백성과 하늘에 있는 것이나 땅에 있는 것이 때가 찬 마지막 때에 그리스도 안에서 다 하나가 되도록 하기 위함이란 말씀인 것이다.

아벨의 죽음 및 하와의 셋의 임신과 출생의 10개월

아담이 다시 자기 아내 하와와 동침하여(창4:25) 셋이 출생하기까지의 10개월의 기간이 의미하는 바는 다음과 같다.

즉 생명이 잉태되어 출산하기까지의 복되지만 수고로운 과정처럼 멸망의 길을 벗어나 구원의 반열에 들게 될 축복의 영혼들과 하나님을 떠나 멸망의 불 못으로 던져질 수밖에 없는 저주의 영혼들을 아벨의 죽음 후 하와의 임신에 따른 셋의 출생 사이의 시점에서 하나님의 깊은 고뇌 가운데 모두 예정하시게 되는바, 이는 멸망의 죽음에서 벗어나 하나님의 사랑 안에 잉태된 소중한 생명들을 출산하기 위한 창조주 하나님의 깊은 숙고의 시간임을 상징하는 의미인 것이다.

따라서 엡1:4~14 말씀의 궁극적 의미는, 창세전에 삼위일체이신 그리스도 안에서 장차 땅 위에 태어날 모든 인류가 하나님의 자녀로 택함을 받았음에도 불구하고 선악과 명령의 불순종의 원죄에 종속됨으로 말미암아 원죄와 자범죄에서 벗어나지 못할 우리, 즉 인류를 사랑 안에서 하나님 앞에 거룩하고 흠이 없게 하시려고 그 기쁘신 뜻대로 아벨의 죽음과 셋의 출생 사이의 시점에서 우리를 예정하시어 부활하신 예수 그리스도로 말미암아 자기의 아들들이 되게 하셨으니 이는 그가 사랑하시는 자 안에서 우리에게 거저 주시는바 (멸망의 죽음에서 벗어나 영생의 반열에 들게 된 하나님의 자녀들이 값없이 거저 주신 하나님의 은혜에 감동하여) 그의 은혜의 영광을 찬송하게 하려 함이 곧 사도바울로 하여금 엡1:4~14의 말씀을 기록하게 하신 하나님의 뜻이란 것이다.

이러한 관점에 비추어 볼 때 그동안 기독교계에서 제기된 여러 예정론 곧 이중(절대)예정론, 예지예정론, 조건예정론 등은 사도바울의 엡1:4~6의 말씀을 창세전에 그리스도 안에서 우리를 택하신 창조주 하나님의 시각에서 바라보며 창조주 하나님의 관점에서 헤아리지 아니하고 죄 가운데 있는 피조물인 우리들의 시각과 관점에서 바라보며 우리들의 성경적 지식에 의존하여 해석한 것이기에 서로가 모순될 수밖에 없는 이론들임을 오늘날 교회가 명확히 인식하고 분명한 사명의식과 책임감으로 잘못 꿰어진 성경의 첫 단추를 하나님 앞에 다시 올바로 꿰어 성도들을 진리의 길로 인도해야 할 것이다.

5
에베소서1:4~6 말씀의 본질

위와 같은 진실이 의미하는 바는, 성부 하나님께서 창세전에 장차 이 땅에 태어날 죄와 무관한 모든 인류를 삼위일체이신 그리스도 안에서 아무 조건 없이 하나님 나라의 상속자인 하나님의 자녀들로 택하셨음을 의미하는 것이며 아직 태어나지도 아니한 죄와 무관한 인류를 하나님께서 창세전부터 선택과 유기의 이분법적인 방법으로 구분하여 예정하신 것이 결코 아니라는 의미이다.

이에 관한 명백한 증거의 말씀이 곧 마25:34의 "내 아버지께 복을 받을 자들이여 나아와 창세로부터 너희를 위하여 예비된 나라를 상속받으라" 하신 말씀과 마25:41의 "저주를 받은 자들아 나를 떠나 마귀와 그 사자들을 위하여 예비된 영원한 불에 들어가라" 하신 말씀이다.

다시 말해, 마25:34의 말씀은 장차 태어나 이 땅에 충만하게 될 죄와 무관한 모든 인류가 창세전에 삼위일체이신 그리스도 안에서 하나님 나라의 상속자로서 하나님의 자녀들로 이미 택함을 받았으므로 비록 그들이 창세 이후 원죄와 자범죄를 범하게 되었을지라도 사랑 안에서 그 앞에 거룩하고 흠이 없게 하시려고 그 기쁘신 뜻대로 아벨의 죽음과 셋의 출생 사이의 시점에서 우리를 예정하심으로 말미암아 구약시대에 하나님을 올바로 섬긴 영혼들과 이후 부활하신 예수 그리스도를 구속의 주로 영접하여 죽음을 이기고 부활한 영혼들에게는 본래 하나님께서 창세로부터 그들을 위하여 예비해 놓으신 하나님의 나라를 하나님의 양자 된 상속자로서 결국 상속받게 하신다는 말씀인 것이다.

반면에 마25:41의 말씀은 원죄와 자범죄를 지은 인류 가운데 아담 이후로부터 하나님을 향한 믿음이 없는 자들과 부활하신 예수 그리스도를 믿지 않음으로 인하여 구원의 반열에 들지 못해 영원한 불에 들어갈 수밖에 없는 저주받은 자들에 대해선 하나님께서 창세전부터 그러한 자들을 택하시거나 예정하신 일이 결코 없으셨기 때문에 마25:34의 말씀과는 달리 창세로부터라는 표현을 마25:41에서는 아예 언급하지 않으셨다는 사실을 분명히 인식해야 한다는 것이다.

이는 곧 하나님께서 구원의 반열에 들지 못할 영혼들을 창세전에 예정하신 것이 결코 아닌, 그 기쁘신 뜻대로 예정하신 시점, 즉 아벨의 죽음과 셋의 출생 사이의 시점에서 원죄와 자범죄를 지은 인류 가운데 양자의 영을 받음으로써 구원에 이를 영혼과 양자의 영을 받지 못해 구원에 이르지 못할 영혼으로 구분하여 예정하시게 되었다는 의미이며 이것이 곧 엡1:4~6 말씀의 본질인 것이다.

(이처럼 원죄와 자범죄가 있는 우리를 하나님의 양자 된 자녀들로 미리 구분하여 예정하시게 된 아벨의 죽음과 셋의 출생 사이의 시점에 관한 자세한 내용은 제5부 영혼 구원의 예정과 그 시점의 장에서 상세히 설명하도록 하겠다)

유대인들의 선민의식과 하나님의 섭리

그러나 당시의 대부분의 유대인들은 신28:10,13 말씀과 사43:10 말씀에 근거하여 오직 자신들만이 하나님의 자녀들로 택함받았다는 선민의식에 흠뻑 젖어 있었다는 사실이다.

> 땅의 모든 백성이 여호와의 이름이 너를 위하여 불리는 것을 보고 너를 두려워하리라(신28:10)

> 여호와께서 너를 머리가 되고 꼬리가 되지 않게 하시며 위에만 있고 아래에 있지 않게 하시리니~(신28:13)

> 나 여호와가 말하노라 너희는 나의 증인, 나의 종으로 택함을 입었나니 이는 너희가 나를 알고 믿으며 내가 그인 줄 깨닫게 하려 함이라 나의 전에 지음을 받은 신이 없었느니라 나의 후에도 없으리라(사43:10)

이와 같은 구약사적 배경으로 인해 유대인들은 오직 자신들만이 창세전부터 선택받은 민족이라는 선민의식에 빠져들게 된다.

　뿐만 아니라 사탄이 당시의 대부분의 유대인들로 하여금 목수의 아들인 천한 신분의 몸으로 나사렛이란 외진 작은 마을의 출신인 예수를 자신들의 메시아로 인정해야 할 이유를 갖지 못하도록 유대인들의 마음까지도 농락하게 되었던 것이다.

　구약 성경의 말씀을 한 줄의 글로 요약한다면 그것은 곧 사람의 몸으로 이 땅에 오실 예수 그리스도의 탄생을 알리는 글로 요약할 수 있을 것이다.

　그럼에도 불구하고 2천 년 전에 죄인들을 구속하시기 위해 이 땅에 오신 예수 그리스도에 대해 당시의 유대인들은 이미 하나님께 선택받은 자신들과는 상관없는 나사렛이란 작은 마을 출신의 선지자 정도로만 여겼을 뿐 아니라 예수님의 십자가 죽음이 인류의 구속을 위한 희생이 아닌 스스로 하나님의 아들임을 주장하다 신성모독 죄로써 처형된 인물로 여긴다는 것이다.

　그 결과로 유대인들은 장차 7년 대환난의 때에 생명책에 이름이 기록되지 못한 땅 위의 모든 불신자들과 함께 거짓 메시아로 등장하는 적그리스도를 자신들의 메시아로 경배(계13:8,12)하게 되지만 7년 대환난을 겪는 동안 하나님의 섭리에 의해 자신들의 어리석음을 깨닫고 회개함으로써 적그리스도에 대항하여 싸우다 지상 재림하시는 예수 그리스도에 의해 마침내 구원에 이르게 되는 것이다.

　이처럼 이스라엘 민족의 역사는 궁극적으로 하나님의 섭리와 주관에 의해 이루어져 가고 있음을 유대인들의 삶을 통해 깨달을 수 있는 것이다.

이와 관련한 말씀이 곧 형제들아 너희가 스스로 지혜 있다 하면서 이 신비를 너희가 모르기를 내가 원하지 아니하노니 이 신비는 이방인의 충만한 수가 들어오기까지 이스라엘의 더러는 우둔하게 된 것이라 그리하여 온 이스라엘이 구원을 받으리라(롬 11:25~26)는 말씀인 것이다.

즉 구원받을 이방인들의 수가 하나님이 계획하신 바대로 충족될 때까지 유대인들의 마음에 예수님을 자신들의 메시아로 인정하지 않게 되지만 7년 대환난을 지나는 동안 이스라엘을 향한 하나님의 섭리로 그들이 마음을 돌이켜 지상 재림하시는 예수 그리스도에 의해 마침내 구원에 이르게 됨으로 말미암아 하나님의 뜻이 이 땅 위에 이루어지게 된다는 것이다.

종교개혁 및 장 칼뱅의 이중예정론과 사탄의 숨은 계략

이와 같은 진실에 비추어 볼 때 역사적으로 더욱 안타까운 사실은, 로마제국과 중세시대를 지나는 동안 온갖 비리의 온상이 되어버린 로마 가톨릭교회의 부패와 타락에 항거한 존 위클리프와 얀 후스와 같은 훌륭한 성서학자들의 신앙적 열정과 숭고한 희생이 밑거름이 되어 마침내 AD1517년 1세대 종교개혁가인 마틴 루터와 울리히 츠빙글리에 의한 위대한 종교개혁이 일어나게 되고 이후 개혁주의 신학자이자 2세대 종교개혁가인 장 칼뱅에 의해 종교개혁이 드디어 완성되게 된다.

　따라서 유럽을 중심으로 하여 세계 각국에 종교개혁의 영향이 크게 미치게 된다.

　이처럼 루터와 칼뱅의 종교개혁에 의해 타락한 교회의 권력구조와 예배의식이 크게 개편되었을 뿐 아니라 인간의 정치적 평등 개념의 시금석이 되어 근대 정치발전의 성장에도 큰 디딤돌 역할을 하는 계기가 된다.

　하지만 그럼에도 불구하고 유대인들 마음속 깊이 뿌리내린 그들의 선민의식만큼은 종교개혁에 의해서도 전혀 개혁되지 못한다.

　그러한 가운데 장 칼뱅의 대표적 저서인《기독교강요》(AD1536 초판~1559 최종판)에서 사도바울의 엡1:4~6의 말씀을 원용한 선택과 유기의 이중예정론, 곧 절대예정론(최종판 3권 22장 1항~3항)을 칼뱅이 주장하기에 이른다.

　하지만 이는 성령의 인도하심을 따라 오직 창세전의 하나님의 관점에서 기록한 사도바울의 엡1:4~6의 말씀을 장 칼뱅이 원용함으로써 죄 가운데 있는 피조물인 우리들의 관점, 즉 장 칼뱅 자신의 관점에서 해석하여 주장한 교리임에도 불구하고 안타깝게도 장 칼뱅의 선택과 유기의 이중예정론의 교리가 근대 교회의 성경적 구원론으로 자리매김하게 되고 만다.

　이로 인하여 장 칼뱅의 선택과 유기에 관한 이중예정론의 교리가 시대의 흐름을 타고 당시의 장로교회를 통하여 이방인이었던 우리들에게까지 그대로 전하여지게 된다.

이 시점에서 결코 간과하지 말아야 할 사실은, 아직 수면 위로 드러나지는 않았으나 선택과 유기의 극단적인 이중예정론의 교리는 오늘날 개신교의 잠재적인 교리적 갈등의 근원일 뿐 아니라 장차 때가 되어 공중 권세 잡은 사탄의 권세가 그 실체를 온 세상에 드러내게 될 때 예수님 공중 강림 시 휴거되지 못한 안타까운 수많은 영혼들이 7년 대환난을 겪는 과정에서 뒤늦게나마 뉘우쳐 회개하고 믿음을 회복하고자 하는 경우에 적그리스도가 이를 두고 지켜보고만 있지 않는다는 사실이다.

즉 사탄의 권세를 받은 적그리스도가 엡1:4~6의 진리의 말씀을 거짓 내용으로 과장하여 휴거되지 못한 이들의 상한 마음을 선동하게 되는바, 휴거되지 못함이 결코 그들의 잘못이 아니라 그들이 여태껏 교회에서 배운 바대로 절대주권의 토기장이인 하나님께서 창세전부터 선택이 아닌 유기의 대상으로 그들을 이미 택하여 예정하신 결과이기 때문에 설령 그들이 뒤늦게 믿음을 회복하여 목 베임 당하는 순교를 한다 할지라도 결국 천국에는 가지 못한다는 말로 현혹하여 하나님을 떠나게 함으로써 그들을 적그리스도의 종으로 삼고자 함이 장차 진리인 엡1:4~6의 말씀을 거짓으로 과장하여 신성모독의 말로 하나님을 대적할 공중 권세 잡은 사탄의 숨은 계략이라는 사실이다.

(이와 관련한 말씀이 단7:25 말씀과 계13:5~6의 말씀인바 이에 관한 내용은 뒷부분에서 보충해 설명토록 하겠다)

더욱 안타까운 사실은 장 칼뱅의 선택과 유기에 관한 이중예정론, 곧 절대예정론의 교리를 교회에서 성도들에게 가르치는 가운데 토기장이 비유의 말씀을 칼뱅의 절대예정론의 교리에 연관 지어 가르침으로 말미암아 많은 기독교인들이 자신들은 다른 이방인들과는 다르게 창세전부터 그리스도 안에서 특별한 은총으로 선택받은 존재라는 선민의식에 자신도 모르게 사로잡혀 있다는 사실이다.

다시 말해 사도바울의 엡1:4~6의 말씀을 창세전의 하나님의 관점이 아닌 피조물인 우리들의 관점에서 잘못된 이분법적인 해석을 하게 됨으로 말미암아 창세전에 삼위일체이신 그리스도 안에서 장차 땅 위에 태어날 모든 인류를 한 사람도 빠뜨리거나 버림 없이 하나님 나라의 상속자로서 하나님의 자녀들로 택하신 창조주 하나님의 위대하신 사랑을 뿌리째 왜곡하게 되었다는 사실이다.

이러한 사실에 비추어 볼 때, 말씀에 대한 깊은 기도와 묵상 가운데 성령의 인도하심을 따라 엡1:4~6의 말씀 속에 함축된 하나님의 의중을 창세전의 하나님의 관점에서 헤아림으로써 인류의 영혼 구원을 위한 하나님의 예정하심에 대한 일치된 해석을 후대들에게 올바로 가르쳐야 함에도 불구하고 죄 가운데 있는 피조물인 우리들의 관점에서 하나님의 의중을 섣불리 예단하여 모순된 갖가지 예정론을 주장함으로 말미암아 일치된 해석과 결론을 전혀 제시하지 못한 채 갈등과 혼란만 가중되고 있는 것이 오늘날 교회의 안타까운 현실인 것이다.

특히 그 내용이 서로 충돌하는 예정론을 적정선에서 함께 견지하자는 주장은 혼합과 절충주의에 근거한 주장으로서 진리이신 하나님께서 가장 미워하시는 내용에 해당되는 주장인 것이다.

더욱 심각한 사실은 장차 거짓 말씀과 거짓 사랑의 광명한 천사의 모습으로 그 실체를 드러내게 될 적그리스도의 등장에 앞서 하나님의 구원과 예정에 관한 심각한 교리적 갈등이 사탄의 농간에 의해 교회 내에서 먼저 일어나게 된다는 것이다.

이러한 갈등의 근본적 원인은 성경의 첫 단추이자 말씀의 뿌리에 해당하는 창세기 1장~11장의 말씀과 에베소서1:4~6의 말씀에 대해 진리이신 하나님의 관점이 아닌 피조물인 우리들의 관점에서 해석함으로 말미암아 하나님의 관점에 의한 말씀의 뿌리를 깊이 내리지 못한 결과인 것이다.

6

그러나 인자가 올 때에
세상에서 믿음을 보겠느냐(눅18:8)

 그 결과로 오늘날의 수많은 젊은 영혼들이 진리인 성경 말씀과 자신의 믿음과의 괴리로 인한 본질적인 갈급함과 절실함에도 불구하고 교회의 안일함과 무관심 속에 구태의연한 교육내용과 예배형식으로 인하여 꺼져가는 자신들의 믿음의 불씨를 끝내 되살리지 못한 채 교회를 등지고 떠날 수밖에 없는 참담한 현실이 지금의 우리 세대로부터 이미 시작되어 장차 전 세계적으로 걷잡을 수 없이 확산되게 된다는 것이다.

 이에 관한 너무나도 두려운 말씀이 곧 눅18:8의 그러나 인자가 올 때에 세상에서 믿음을 보겠느냐 하신 예수님의 준엄하신 경고의 말씀이자 간곡한 충고의 말씀인 것이다.

 성경에 기록된 바와 같이 예수님의 말씀은 때가 되면 반드시 이루어지는 말씀임을 오늘날 그리스도인들이 결코 간과해서는 안 될 것이다.

그렇다면 생각할수록 두렵기만 한 눅18:8 말씀 속에 함축된 예수님의 의중은 과연 무엇일까?

그것은 곧 오늘날 그리스도인이라고 자부하는 하나님의 백성들이 안식일을 기억하여 거룩히 지키는 가운데 각자의 주어진 환경과 삶 속에서 가르치고 전도하며 섬기는 긍정적이며 희생하는 믿음 생활에도 불구하고 말씀의 본질인 하나님의 의중을 올바로 헤아리지 못한 현재의 우리들의 믿음에 의해서는 예수님 공중 강림 하시는 그날에 슬기로운 다섯 처녀로 준비되는 뿌리 깊은 견고한 믿음이 우리 후대들에게 올바로 계승되지 않게 됨을 의미하는 참으로 뼈아픈 말씀인 것이다.

그 증거가 곧 유럽교회의 급격한 이슬람화 현상 및 세속화 현상을 비롯하여 문 닫는 교회 수의 급격한 증가와 함께 사라져 가는 주일학교와 신학 지망생 및 젊은 선교사의 급격한 감소와 교회를 떠난 수많은 가정과 젊은 영혼들이 영과 진리의 예배의 자리로 돌아오지 않고 있는 안타까운 현실인 것이다.

이러한 현상은 전 세계를 휩쓴 코로나19 이후 더욱 두드러지게 나타나는 현상이며 장차 시간이 흘러 세대가 바뀔수록 급속도로 더해짐에 따라, 많은 예산과 시간을 들이며 기도 가운데 건축된 지구촌 곳곳의 성스러운 교회의 건물들이 어느덧 이슬람화되어 가는 가운데 교회 건물을 세상적인 유흥의 장소로 이용하기 위한 교회 무용론까지 대두되게 된다는 사실이다.

이러한 관점에서 볼 때 눅18:8의 말씀이 의미하는 바는, 공중 권세 잡은 사탄의 농간에 의해 오늘날의 교회와 그리스도인들이 미처 깨닫지 못해 간과하고 있는 근원적인 문제점과 그로 인해 나타나는 오늘날의 사회적 현상을 예수님께서 2천 년 전에 정확히 꿰뚫어 보시고 눅18:8의 말씀을 통하여 이 말씀 속에 함축된 예수님의 의중을 모든 그리스도인들이 올바로 헤아려 실천함으로써 눅18:8의 경고의 말씀이 결코 이루어지지 않기를 간곡히 바라시는 의미의 말씀인 것이다.

그렇다면 오늘날 우리가 간과하고 있는 근원적인 문제점, 즉 눅18:8의 말씀 속에 함축된 두려운 진실은 과연 무엇일까?

그것은 곧 하나님만이 아시는 예수님 공중 강림 하시는 그날에 그리스도 안에서 죽은 자들의 부활은 있으나 살아남은 자들의 들림(살전4:16~17), 곧 휴거가 일어나지 않게 되는 진실을 경고하고 계신 것이다.

한마디로 2천 년 전 예수님의 눅18:8의 경고의 말씀은 오늘날 땅 위의 교회와 모든 그리스도인들의 신앙적 문제의 본질을 시공간을 초월하여 정확히 지적하신 말씀인 것이다.

그러나 예수님의 경고의 말씀에도 불구하고 당시의 제자들 중 누구도 눅18:8의 말씀의 의미와 그로 인해 장차 이 땅 위에 전개될 참담한 현상을 묻는 자가 없었으며 이는 오늘날의 우리들도 전혀 다를 바 없다는 사실이다.

하나님만이 알고 계시는 예수님 공중 강림 하시는 그날에 그리스도 안에서 죽은 자들의 영적 부활만 있게 되고 이 땅에서 살아남은 자들의 들림 곧 휴거가 일어나지 않게 될 때에 장차 하나님의 계획에 어떤 심각한 차질이 초래하게 되는지를 기도 가운데 확연히 깨닫게 된다면 예수님의 준엄하신 경고의 말씀의 무게가 자신의 남은 삶을 주관하게 될 것임을 믿어 의심치 않는다.

다니엘 7:25 말씀과 계시록 13:5~8 말씀의 의미

그가 장차 지극히 높으신 이를 말로 대적하며 또 지극히 높으신 이의 성도를 괴롭게 할 것이며 그가 또 때와 법을 고치고자 할 것이며 성도들은 그의 손에 붙인 바 되어 한 때와 두 때와 반 때를 지내리라(단7:25)

또 짐승이 과장되고 신성모독을 말하는 입을 받고 또 마흔 두 달 동안 일할 권세를 받으니라
짐승이 입을 벌려 하나님을 향하여 비방하되 그의 이름과 그의 장막 곧 하늘에 사는 자들을 비방하더라 또 권세를 받아 성도들과 싸워 이기게 되고 각 족속과 백성과 방언과 나라를 다스리는 권세를 받으니 죽임을 당한 어린 양의 생명책에 창세 이후로 이름이 기록되지 못하고 이 땅에 사는 자들은 다 그 짐승에게 경배하리라(계13:5~8)

한 가지 아이러니한 사실은 두렵기만 한 눅18:8의 예수님의 경고의 말씀이 반드시 이루어지기만을 목 놓아 학수고대하는 자가

있으니 그가 곧 공중 권세 잡은 사탄이라는 사실이다.

　왜냐하면 예수님 공중 강림 하실 때 눅18:8의 말씀이 현실에서 이루어질 경우 성경에 기록된 바대로 눈에 보이지 않는 영적 부활, 곧 일반인들은 인식할 수 없는 그리스도 안에서 죽은 자들의 부활은 있게 되지만 이후에 있어야 할 살아남은 자들의 들림 곧 휴거는 이 땅에서 일어나지 않게 됨으로 말미암아 이 땅에서 휴거되지 못한 이들의 울부짖음과 통한의 회개는 있을 수 없음에 따라 전 인류가 무인식과 무방비의 상태에서 7년 대환난의 재앙 속에 휩쓸리게 됨으로 인하여 땅 위의 모든 인류가 거짓 말씀과 거짓 사랑의 광명한 천사의 모습으로 등장하는 적그리스도의 노예로 종속될 수밖에 없기 때문이다.

　따라서 사탄 스스로 가장 두려워하는 예수님의 말씀임에도 불구하고 눅18:8의 말씀만큼은 공중 권세 잡은 자신의 권세와 농간에 의해 반드시 이루어지길 사탄이 학수고대하는 이유인 것이다.

　이처럼 공중 권세 잡은 사탄의 권세와 농간에 의한 무인식과 무방비 상태의 모습이 바로 첫 단추를 잘못 꿰게 되었을 때의 꿸 곳이 없는 마지막 단추에 해당하는 미래의 우리 후대들의 모습인바, 이는 7년 대환난의 소용돌이 속에 갈 곳을 잃고 방황하며 사탄의 종노릇하다 결국 적그리스도의 무리들과 함께 모두 멸망의 불 못으로 던져질 수밖에 없는 마지막 세대의 수많은 우리 후대들의 비극적인 모습임을 내 영혼 속 깊이 인식해야 한다는 것이다.

　그러나 만일, 예수님께서 바로 오늘 호령과 천사장의 소리와 하나님의 나팔 소리로 친히 하늘로부터 공중 강림 하시게 되는 경우라면, 하나님을 온전히 섬기는 믿음의 사람들이 처처에 준비되어 있음으로 말미암아 성경에 기록된 바대로 그리스도 안에서 죽은 자들의 부활에 이어 살아남은 자들의 들림, 곧 휴거가 세상 곳곳에서 일어나게 됨은 틀림없는 사실이다.

그러나 결코 간과하지 말아야 할 사실은, 안타깝게도 휴거되지 못한 채 이 땅에 남게 된 기독교인들과 수많은 불신자들 중에서 현실에서 실제로 휴거가 일어남을 목도하고 7년 대환난 중 3년 6개월의 혹독한 시련을 겪는 가운데 뒤늦게나마 마음을 돌이켜 회개하여 믿음을 갖고자 할지라도 사탄의 권세를 받아 이때를 정확히 맞추어 거짓 사랑과 거짓 말씀의 광명한 천사의 모습으로 그 실체를 드러낼 적그리스도가 결코 이를 바라보고만 있지 않는다는 사실이다.

그 사악한 숨은 계략이 곧 진리의 말씀인 엡1:4~6의 말씀을 거짓으로 과장되게 꾸며 엡1:4~6의 말씀에 대한 기독교인들의 왜곡된 신앙을 적그리스도가 전략적으로 철저히 역이용함으로써 나머지 3년 6개월, 즉 한 때와 두 때와 반 때의 기간이 지나는 동안 결국 그들이 하나님을 저주하며 떠나도록 이끈다는 것이다.

즉 휴거되지 못한 책임이 기독교인 자신들에게 있는 것이 결코 아니라 자신들이 그동안 엡1:4~6의 말씀에 대해 교회에서 듣고 배운 바대로 전지전능하신 하나님이 절대자의 주권으로서 장차 땅 위에 태어날 수많은 인생들을 창세전에 선택과 유기의 대상으로 이미 예정하였기 때문인바, 따라서 그들이 말씀대로 살려고 아무리 노력하고 발버둥 쳐도 창세전부터 유기의 대상이 된 영혼들은 살아서 휴거되지 못함은 물론 죽어서도 천국에 갈 수 없음 또한 피할 수 없는 숙명이라는 거짓말로 엡1:4~6의 진리의 말씀을 거짓으로 과장하여 역이용함으로써 하나님께 그 모든 책임을 전가한다는 것이다.

이는 지난날 천사 대장이었던 루시퍼가 그의 큰 권능으로 부하 천사들을 선동함으로써 이에 현혹된 수많은 천사들이 자기 지위를 지키지 아니하고 자기 처소를 떠나 하나님을 거역하고 루시퍼에게 동조하여 종노릇하였듯이, 휴거되지 못해 상한 마음의 영혼들이 뒤늦게나마 뉘우쳐 회개하고 믿음을 회복하고자 할지라도 사탄의 권세를 받은 적그리스도가 광명한 천사의 모습과 선동자의 현란한 말을 앞세워 때맞추어 등장하여 그들을 거짓 사랑으로 위로하며 거짓 말씀으로 철저히 선동함으로써 그들 또한 하나님을 거역하고 적그리스도의 종노릇하도록 처참히 무너뜨린다는 사실이다.

이에 관한 명백한 증거의 말씀이 곧 단7:25의 말씀과 계13:5~8의 말씀이다.

단7:25의 "그가 장차 지극히 높으신 이를 말로 대적하며"라는 의미가 바로 적그리스도가 사탄에게 받은 권세로써 진리인 엡1:4~6의 말씀을 과장된 거짓 말씀으로 역이용하여 하나님을 말로 대적하게 된다는 의미인바, 이는 계13:5~8의 말씀과 같은 맥락으로서 엡1:4~6의 말씀을 과장된 거짓말로 꾸며 하나님을 모독하는 신성모독의 말로써 하나님의 이름을 욕되게 하고 나아가 하늘에 사는 구원받은 영혼들까지도 비방하게 된다는 것이다.

다시 말해, 휴거되지 못한 수많은 영혼들의 상한 마음을 적그리스도 자신이 대변하는 양 그들이 보는 앞에서 그의 입을 벌려 엡1:4~6 말씀을 원용하여 하나님을 향해 비방하길, 아직 태어나지도 아니한 수많은 생명들을 창세전부터 유기할 계획을 세운 하나님이야말로 공의롭지 못한 악한 하나님일 뿐이며 그런 공의롭지 못한 악한 하나님에 의해 선택받아 천국에 사는 무리들 또한 그와 다를 바 없는 악한 존재들일 뿐이라는 선동의 말로 진리이시며 지극히 높으신 하나님의 이름을 모욕하고 비방하며 대적한다는 것이다.

이처럼 사탄에게 받은 권세를 이용하여 휴거되지 못한 상한 마음의 영혼들, 곧 죽임을 당한 어린 양의 생명책에 창세 이후로 이름이 기록되지 못하고 이 땅에 사는 자들에 대해 적그리스도가 전략적으로 철저히 현혹하고 선동함으로써 휴거 이후 7년 대환난 중에 그들이 비록 뒤늦게나마 회개하여 믿음을 갖고자 할지라도 위와 같은 적그리스도의 선동과 현란한 말에 설득되고 현혹되어 하나님을 저주하는 가운데 그 짐승에게 경배하도록 하는 것(계13:8)이 장차 진리인 엡1:4~6의 말씀을 거짓으로 과장하여 역이용할 사악한 사탄의 숨은 계략이라는 것이다.

세월이 지나 장차 이 땅 위에 전개될 위와 같은 참담한 현실을 이미 꿰뚫어 보신 하나님이심으로 말미암아 "누구든지 귀가 있거든 들을지어다(계13:9)"라는 간곡한 충고의 말씀으로써 오늘날의 우리들과 교회를 향해 눈물로써 외치고 계시는 것이다.

이러한 적그리스도의 궁극적 의도는 다음과 같은바, 휴거되지 못한 자들 가운데 회개하여 믿음을 갖는 자들이 땅 위에 한 사람도 없도록 선동함으로써 7년 대환난 중에 예수를 증언함과 하나님의 말씀 때문에 목 베임을 당하는(계20:4) 순교자들이 없게 됨으로 말미암아 7년 대환난 끝에 심판의 주로 오시는 예수님 지상 재림 하시는 날에 이 땅에 첫째 부활자가 없게 됨은 물론 산 자들 가운데 구원받을 영혼 또한 한 사람도 없게 됨으로써 예수 그리스도께서 통치하실 천년왕국뿐만 아니라 하나님이 약속하신 새 하늘과 새 땅 또한 이루어지지 않도록 하는 것이 적그리스도의 궁극적 의도인 것이다.

　따라서 이를 구체적으로 실현하기 위한 사악한 계책이 곧 "사로잡힐 자는 사로잡혀 갈 것이요 칼에 죽을 자는 마땅히 칼에 죽을 것이니 성도들의 인내와 믿음이 여기 있느니라"는 계13:10의 말씀이 이 땅에 결단코 이루어지지 않도록 전략적으로 선동하는 것이 사탄과 적그리스도의 궁극적 의도이며 그들의 공통된 계책이란 것이다.

　이렇듯 눅18:8의 그러나 인자가 올 때에 세상에서 믿음을 보겠느냐 하신 예수님의 경고의 말씀이 사탄의 궤계에 의해 예수님 공중 강림 하실 때 또는 지상 재림 하실 때 어느 한편이든 현실에서 이루어지게 될 경우엔 예수님이 통치하실 천년왕국은 이 땅에 이루어질 수 없게 되고(이는 주기도문 가운데 아버지의 뜻이 하늘에서 이루어진 것같이 땅에서도 이루어지이다라는 주님의 말씀이 이루어지지 않게 됨을 의미한

다) 나아가 약속하신 새 하늘과 새 땅 또한 준비될 이유가 없게 되는 것이다.

　이와 같은 사실을 2천 년 전에 모두 꿰뚫어 보신 예수님이심으로 말미암아 눅18:8의 그러나 인자가 올 때에 세상에서 믿음을 보겠느냐는 간곡한 충고이자 경고의 말씀으로 시공간을 초월하여 이 시대의 교회와 오늘날 그리스도인이라고 자부하는 우리들을 향해 깨어 준비할 것을 지금 이 순간에도 간곡히 외치고 계시는 것이다.

　따라서 오늘날 교회가 분명한 사명의식을 가지고 예수님이 선포하신 눅18:8의 말씀과 관련한 위와 같은 준엄한 내용을 우리의 후대들에게 올바로 가르쳐 계승되도록 할 때, 단7:25과 계13:5~8, 11~18의 참담한 내용의 말씀이 장차 현실에서 진행된다 할지라도 휴거되지 못한 자들 가운데서 뒤늦게나마 뉘우쳐 회개하고 믿음을 회복하는 자들이 있음으로 말미암아 목 베임을 당하는 순교로 인한 첫째 부활자와 짐승과 그 우상에게 경배하지 아니하고 이마와 손에 짐승의 표를 끝까지 받지 아니한 자들이 살아남아서 천년왕국에 입성하게 됨에 따라 지상 재림 하신 그리스도와 더불어 천 년 동안 왕 노릇 하게 되는 약속의 말씀이 비로소 이 땅 위에 이루어지게 되는 것이다(계20:4~6).

　또한, 하늘로부터 내려온 천사에 의해 천 년 동안 무저갱에 갇힌 옛 뱀, 곧 마귀인 사탄이 천 년이 차 잠시 풀려남(계20:1~3)으로 인하여 그가 곡과 마곡의 백성을 미혹하여 그들로 하여금 하나님이 사랑하시는 성도들의 진과 성을 둘러싸게 하지만 하늘에서 내려온 불에 의해 곡과 마곡의 사람들이 모두 태워버림을 당하고 그들을 미혹한 사탄 또한 불과 유황 못에 던져지게 되는바, 거기엔 적그리스도와 거짓 선지자도 있어 그들 모두가 함께 세세토록 밤낮 괴로움을 당하는 영원한 징벌을 받게 되는 것이다(계20:7~10).

이때 아담과 하와 이후로부터 7년 대환난 때까지 죽은 모든 불신자들, 즉 두려워하는 자들과 믿지 아니하는 자들과 흉악한 자들과 살인자들과 음행하는 자들과 점술가들과 우상 숭배자들과 거짓말하는 모든 자들(계21:8)과 천년왕국의 끝에 곡과 마곡의 전쟁에서 불에 타 죽은 이들이 심판의 부활을 하여 자기 행위대로 심판을 받고 그들 역시 모두 불 못에 던져지니 이것이 곧 둘째 사망인 것이다(계20:13~15).

이로써 천년왕국이 끝이 나고 계시록에 기록된 약속의 말씀대로 하나님의 나라인 새 하늘과 새 땅(계21:1~7)이 그들 위에 임하게 됨으로써 마침내 진리이신 하나님의 말씀이 온전히 이루어지게 되는 것이다.

7
성경의 첫 단추

　예수 그리스도가 이 땅에 오시기 전인 구약의 시대에 오직 하나님의 은혜로서 예정 가운데 택함을 받아 하나님을 믿고 섬기게 된 영혼들과 이후 인류의 죄를 대신하여 십자가 희생 후 부활하신 예수 그리스도를 하나님의 은혜로서 예정 가운데 구속의 주로 영접하게 된 영혼들은 오직 하나님의 예정하심과 부활하신 예수 그리스도를 믿는 그 믿음으로 말미암아 하나님의 양자된 자녀들로서 하나님 나라를 상속받게 됨은 분명한 사실이다.
　그러나 참으로 안타까운 사실은 오직 여호와 하나님을 아버지로 섬기는 믿음과 예수 그리스도를 믿는 그 믿음에 의해 장차 하나님 나라를 상속받게 됨이 분명한 우리들이기에, 정작 성경의 첫 단추가 잘못 꿰어진 자신의 왜곡된 믿음의 모습을 볼 수 없음으로 인하여 잘 꿰어진 단추로 착각하며 각자의 믿음 생활을 영위하고 있는 모습이 곧 주님 보시기에 과거로부터 오늘날에 이르기까지의 우리들의 모습인 것이다.

따라서 창세부터 감추신(마13:35) 복음의 비밀, 곧 말씀의 본질인 하나님의 의중을 전혀 헤아리지 못한 채 마치 브레이크가 파열된 사실을 모르고 기차에 탑승한 승객들처럼 7년 대환난을 향해 전력 폭주하고 있는 오늘날의 교회와 세상을 향해 어서 속히 깨어 일어날 것을 눅18:8의 경고의 말씀을 통하여 예수님께서 지금 이 순간에도 안타까운 심정으로 간곡히 외치고 계시는 것이다.

이러한 관점에서 볼 때 성경에 기록된 예수님의 모든 말씀 중에서도 눅18:8의 말씀이 7년 대환난을 앞둔 오늘날의 우리들과 교회 위에 가장 최우선 순위에 있는 말씀임을 결코 간과하지 말아야 한다는 것이다.

그렇다면 두렵기만 한 눅18:8의 "그러나 인자가 올 때에 세상에서 믿음을 보겠느냐" 하신 예수님의 경고의 말씀이 우리의 후대들에게 단연코 이루어지지 않도록 하기 위해서는 오늘날 그리스도인들이 어떻게 해야 한다는 것일까?

이에 대한 정확한 답은 오직 땅 위의 모든 그리스도인들이 각자의 잘못 꿰어진 성경의 첫 단추를 하나님 앞에서 올바로 꿰어 착용함으로써 말씀의 뿌리, 곧 믿음의 뿌리를 견고히 하여 믿음의 본질을 되찾게 될 때 비로소 가능하다는 것이다.

이는 곧 믿음의 본질적인 문제에 해당되는 것인바, 먼저 자신의 삶과 믿음에 대한 통렬한 회개가 선행되는 가운데 창조주 하나님이 어떤 분이신지를 감히 알기 원하는 본질적인 부르짖음이 하나님 앞에 반드시 있게 되어야 함을 의미하는 것이다.

이러한 간곡한 본질적인 부르짖음이 하나님 앞에 있게 될 때에 창조주 하나님이 가르쳐 주시지 아니하면 결코 알 수 없는 크고 은밀한 일들 곧 창세기 1장~11장의 말씀과 엡1:4~6의 말씀 속에 감추신 내용의 진실들을 전심을 다해 부르짖는 백성들에게 보여주심으로써 하나님의 뜻에 의해 감추신 복음의 비밀, 즉 말씀의 본질인 하나님의 의중을 우리의 후대들에게 정확히 전하게 됨으로 말미암아 잘못 꿰어진 성경의 첫 단추를 마침내 올바로 꿰도록 하신다는 것이다.

(이는 오늘날의 신학교육의 문제점을 본질적으로 개혁하여 모든 교역자들이 성경 말씀에 함축된 하나님의 의중을 올바로 헤아림으로써 하나님이 어떤 분이신지를 성령 하나님께 배워 알게 되는 새로운 계기가 될 것이며 또한 오늘날 진리인 창조론을 애써 외면하는 진화론자들의 주장과 전 세계적으로 그 세력을 급속히 확장해 가는 이단들의 교묘한 전도술에도 결코 현혹되지 않는 올바른 기독교적 신앙관과 영적 분별력을 간직하게 되는 근본적인 계기가 될 것임을 믿어 의심치 않는다)

이처럼 오늘날의 그리스도인들이 성경의 첫 단추를 하나님 앞에서 올바로 꿰음으로써 말씀의 뿌리, 곧 믿음의 뿌리가 견고해질 때에 눅18:8의 경고의 말씀은 단연코 이루어지지 않게 되고 따라서 진리에 갈급하여 교회를 떠났던 이 시대의 수많은 젊은 영혼들 또한 주님의 품으로 다시 돌아오는 구원의 역사가 일어나게 됨으로 말미암아 이 땅 위에 점차 사라져 가는 어린 생명들의 요람인 주일학교가 성령의 도우심으로 다시 회복되는 역사가 각 교회마다 일어나게 되는 것이다.

나아가 이에 따른 핵심적 결과로써 예수님이 그토록 강조하신 온 율법과 선지자의 강령인 두 가지 큰 계명을 우리들로 하여금 예수님 다시 오시는 그날까지 온전히 실천토록 하심으로 말미암아 마침내 우리의 후대들에게서 등불을 켤 기름을 준비해 간 슬기로운 다섯 처녀들에 해당되는 충성된 믿음의 백성들이 7년 대환난에 앞서 죄악 가득한 이 땅에 비로소 준비되게 되는 것이다.

위와 같은 내용의 본질적 의미는, 사람의 몸으로 이 땅에 오실 그리스도의 길을 준비하며 광야에서 외치는 자의 소리로서 자신의 사명을 다한 세례요한과 같이 오늘날 이 땅 위의 모든 그리스도인들 또한 하나님 앞의 왜곡된 나의 신앙의 단추, 즉 잘못 꿰어진 성경의 첫 단추를 다시 올바로 꿰므로써 결코 흔들리지 아니하는 믿음 가운데 예수 그리스도의 공중 강림 하시는 그날을 준비하며 지금의 자신의 자리와 위치에서 하나님 앞의 나의 믿음을 바로 세우기 위한 1:1 신앙 개혁의 외침의 소리를 세례요한의 심정으로 세상을 향해 간곡히 외쳐야 함을 의미하는 것이다.

따라서 성경의 첫 단추의 의미를 보다 더 깊이 이해하기 위해서는 천사 대장 루시퍼의 타락의 근본 원인을 비롯하여 창세기 1장~11장의 내용 중 태초의 명확한 개념과 수면 위를 운행하시는 하나님의 영이 행하신 일, 첫째 날의 빛의 의미와 선악과 명령의 본질, 우리를 죄로부터 하나님 앞에 흠이 없게 하시고자 그 기쁘신 뜻대로 우리들을 예정하신 시점과 눅18:8의 인자가 올 때에 세상에서 믿음을 보겠느냐 하신 예수님의 경고의 말씀에 이르기까지 서로 긴밀한 연관성이 있는 내용의 말씀들을 성령의 인도하심 가운데 먼저 살펴보아야 한다는 것이다.

왜냐하면 창세기 1장~11장과 엡1:4~6의 말씀 가운데 우리가 알지 못하는 숨겨진 진실들을 통하여 인류를 향한 하나님의 고뇌의 마음과 아픈 눈물을 내 영혼 속 깊이 깨닫게 될 때에 진리이시며 전지전능하신 창조주 하나님이 어떤 분이신지를 피조물에 불과한 우리들임에도 불구하고 온전히 깨달아 알도록 허락하시기 때문이다.

그렇게 하심으로써 예수님이 그토록 강조하신 네 마음과 목숨과 뜻을 다하여 주 너의 하나님을 사랑하라, 네 이웃을 네 자신같이 사랑하라 하신 두 계명을 예수님 다시 오시는 그날까지 온전히 실천케 함으로 말미암아 등불을 켤 기름을 준비해 간 슬기로운 다섯 처녀에 해당하는 자녀들로 성령께서 인도하시는 것이다.

다시 말해, 인류를 향한 하나님의 그 크신 사랑과 가슴 깊이 흐르는 아픈 뜨거운 눈물을 나의 믿음의 눈으로 감히 마주하게 될 때에 비로소 여호와 하나님이 어떤 분이신지를 깨닫도록 인도하시며 여호와 하나님을 올바로 섬기게 되는 진정한 하나님의 사람으로 준비하신다는 것이다.

예레미야33:2~3 말씀

이와 관련한 놀라운 약속의 말씀이 곧 "일을 행하시는 여호와, 그것을 만들며 성취하시는 여호와, 그의 이름을 여호와라 하는 이가 이와 같이 이르시도다 너는 내게 부르짖으라 내가 네게 응답하겠고 네가 알지 못하는 크고 은밀한 일을 네게 보이리라(렘 33:2~3)" 하신 말씀이다.

　이 말씀은 예레미야 선지자 당시의 시대에 전하는 약속의 말씀임과 동시에 현재를 살고 있는 오늘날의 우리들을 위하여 주시는 창조주 하나님의 놀라운 약속의 말씀이자 간곡한 외침의 말씀이다.

　이는 곧 그 사랑의 넓이와 길이와 높이와 깊이를 도무지 측량할 수 없는 하나님께서 마음과 목숨과 뜻을 다하여 주 하나님을 사랑하며 진실하게 부르짖는 자에게 우리가 알지 못하는 그 크고 은밀한 일들이 과연 무엇이며 그것이 무엇을 의미하는지를 보여 줌으로써 천지를 창조하신 하나님이 어떤 분이신지를 깨닫도록 인도하신다는 놀라운 약속의 말씀인 것이다.

　하나님의 말씀인 성경을 해석할 때 자기 합리화나 자신의 유익을 위해 성경 말씀을 가감하거나 성경을 억지로 해석하게 된다면 이는 하나님의 책망 가운데 스스로 멸망의 길로 치닫게 됨은 분명한 사실이다.

　하지만 하나님께서는 하나님의 택한 백성들이 진리이신 하나님의 말씀 속에 함축된 하나님의 의중을 올바로 헤아리지 못한 채 사탄의 궤계에 의한 우둔한 삶을 사는 것을 결코 원하지 않으심을 예레미야33:3의 말씀을 통하여 간곡히 외치고 계시는 것이다.

마태복음13:35 말씀

　이와 관련한 증거의 말씀이 곧 "내가 입을 열어 비유로 말하고 창세부터 감추인 것들을 드러내리라(마13:35)" 하신 선지자를 통한 하나님의 말씀인바, 이 말씀의 의미는 하나님이 가르쳐 주시지 아니하면 결코 알 수 없는 크고 은밀한 일들, 곧 공중 권세 잡은 사악한 존재로부터 택하신 백성들을 지키시기 위해 창세부터 감추신 복음의 비밀들을 하나님의 때가 되어 전심을 다해 부르짖는 자에게 마침내 보여주신다는 렘33:3의 말씀과 연관된 의미의 말씀인 것이다.

　정리하자면, 천지를 창조하신 여호와 하나님이 어떤 분이신지를 알게 된다는 의미는 곧 창세기 1장~11장의 말씀과 엡1:4~6의 말씀 속에 감추신 복음의 비밀을, 전심을 다해 부르짖는 자에게 알게 하심으로써 인류를 향한 창조주 하나님의 위대하신 사랑과 깊은 고뇌 속에 흘리시는 여호와 하나님의 아픈 눈물을 피조물인 나의 영안으로 감히 보게 됨을 허락하신다는 의미인 것이다.

　이처럼 하나님의 가슴 깊이 흐르는 아픈 눈물을 믿음의 눈으로 마주하게 되는 자는 예수님 공중 강림 하시는 그날까지 결코 흔들리지 아니하는 뿌리 깊은 나무가 되어 여호와 하나님을 올바로 섬기는 가운데 등불을 켤 기름을 준비해 간 슬기로운 다섯 처녀에 해당하는 온전한 하나님의 사람으로 준비되도록 성령께서 인도하시는 것이다.

　이러한 관점에서 볼 때 신약의 엡1:4~6의 말씀이 죄로 인하여 멸망할 수밖에 없는 우리를 그 기쁘신 뜻대로 아벨의 죽음과 셋의 출생 사이의 시점에서 우리를 예정하사 예수 그리스도로 말미암아 자기의 아들들이 되게 하신 하나님의 은혜를 찬송하게 하기 위함임을 소아시아 지역의 여러 교회들에게 전하기 위한 사도바울의 옥중서신이라면, 구약의 창세기 1장~11장의 말씀은 공중권세 잡은 사탄의 유혹과 그 죄로부터 오직 인류를 지키고자 하신 창조주 하나님의 고뇌의 마음을 출애굽 시대의 모세를 통하여 온 인류에게 전하는 하나님의 눈물의 서신인 것이다. 아멘!

제5부

영혼 구원의 예정과 그 시점

1

에덴동산에서 아담 하와를 내보내시며 하나님이 최초로 보신 미래의 인류 모습

　진리이시며 전지전능하신 하나님이심에도 불구하고 공의이신 하나님의 속성으로 인하여 선악과 분쟁에서 일시적 승리를 한 사탄의 요구에 따라 하나님께선 비통한 심정으로 그에게 공중 권세를 허락하시게 된다.

　또한 선악과 명령에 불순종한 아담과 하와를 향하여 창 3:16~19의 징계를 내리신 후 참담한 심정으로 그들을 에덴동산에서 내보내시게 된다.

　하지만 죄에 종속된 인류의 미래가 심히 염려가 되신 하나님께선 그들 부부를 공중 권세 잡은 사탄의 영으로부터 보호하시고자 아담 하와 부부의 앞날에 펼쳐질 인류의 미래를 전지전능하신 창조주 하나님의 절대주권으로서 시공간을 초월하여 최초로 모두 보시게 된다.

그러나 하나님의 눈앞에 전개되는 불행한 인류의 모습에 하나님께선 이루 말로 할 수 없는 참담한 심정을 금치 못하시게 된다.

가인의 살인

그 불행한 미래의 모습은 다음과 같았으니 곧 아담 하와가 낳은 자녀들 가운데 장자 가인과 아우 아벨이 하나님께 드리는 제사 문제와 관련하여 아벨과 그의 제물만 받으시고 가인과 그의 제물을 받지 않으신 하나님께 분한 마음을 갖게 된 가인이 아우 아벨을 시기한 끝에 그를 들로 유인하여 쳐 죽이는 모습이었다.

이는 인류 최초의 살인임과 동시에 인류 최초의 죽음이 다름 아닌 장자 가인에 의해 저질러짐으로써 죄 없이 희생된 아벨의 핏소리가 땅에서부터 호소함을 들으신 하나님의 진노로 말미암아 무거운 징벌을 받게 된 가인이 아벨의 자손들과 친족들의 복수를 피해 땅을 유리하게 되는 모습인 것이다(창4:10~12).

뿐만 아니라 사랑하는 믿음의 아들 아벨을 장자 가인에 의해 잃게 됨으로 말미암아 결국 어머니로서 두 아들을 모두 잃어버리게 된 하와가 감당하기 어려운 정신적인 충격과 마음의 깊은 상처로 인해 이후 임신이 되지 않는 어려움을 겪게 된다.

이처럼 부모와 형제들의 마음에 인류 최초의 살인이라는 씻을 수 없는 상처를 남긴 채 하나님의 무거운 징벌과 함께 죽임을 면하는 표를 받고 여호와 앞을 떠나 땅을 유리하던 가인이 자손을 낳고자 에덴 동쪽 놋 땅에 거주하여 아내와 동침하매 아들 에녹을 낳게 된다.

에녹 성의 타락

하지만 아벨의 자손들로부터 복수가 두려운 가인이 하나님이 주신 죽임을 면하는 징표를 더는 믿지 못해 이를 대신하고자 놋 땅에 성을 쌓은 후 아들의 이름으로 성을 이름하여 에녹이라 하게 된다(창4:16~17).

이처럼 친족들의 복수를 피해 놋 땅에 성을 쌓은 가인의 후손들이 외부로부터 자신들의 안위를 지키고자 그들만의 끈끈한 결속력으로 자신들의 지혜를 모으는 가운데 점차 번성하게 된다.

그러나 마음에서 이미 하나님을 떠나 잊어버린 그들이었으므로 공중 권세 잡은 사탄의 영에 종속된 채 오직 자신들의 유희를 목적으로 수금과 퉁소 등의 악기를 만들어 성내에 음주가무가 성행하게 된다.

또한 하나님의 징계에 의해 농사를 지을 수 없는 그들이기에 구리와 쇠로 여러 가지 기구를 만들어 짐승을 사냥하여 가축을 치며(창4:20~22) 짐승의 피째 마시는 육류를 주식으로 함으로 말미암아 남녀 모두 골격이 커지고 성품 또한 갈수록 호전적인 성격으로 바뀌게 된다.

이러한 가운데 성 밖의 다른 부족들과 서로 물물교환하여 곡물을 얻기도 하던 그들이었으나 시간이 지남에 따라 구리와 쇠를 이용하여 사냥기구뿐 아니라 살상무기를 만들어 그들의 힘이 점차 강성하게 됨에 따라 사탄의 영이 이끄는 대로 에녹 성 밖의 다른 부족들을 습격하여 침략을 일삼게 된다.

이렇듯 자신들의 성의 지경을 급속히 넓혀가는 가운데 가인 후손들의 일상은 사치와 향락과 폭력으로 변질된 도시문화의 형태로 번창하게 된다.

그러한 가운데 사탄의 영에 완전히 종속된 라멕(창4:23~24)의 시대에는 더욱 강력해진 그들의 힘으로 자신들에게 대항하는 성 밖 주변의 모든 부족들을 순차적으로 점령하여 마침내 그들을 지배하기에 이른다.

이처럼 한낱 성주에서 왕의 자리에 오른 라멕이 일부일처제의 하나님의 법을 어기게 되면서(창4:19) 가족 간의 문제로 어린 소년을 죽이는 잔악한 살인을 자행하게 되고(창4:23) 나아가 스스로 하나님이 되어 이르길 가인을 위하여는 벌이 칠 배일진대 나 라멕을 위하여는 벌이 칠십칠 배이리로다(창4:24)라는 망언을 하기에 이른다.

이와 같이 사탄의 영에 종속된 가인의 후손들의 지배 아래 땅 위의 모든 족속들이 잔악한 가인 후손들의 교만하고 타락한 향락문화에 동화되어 그들의 마음에서 하나님을 떠나 잊어버린 채 모두가 함께 사탄의 영에 종속됨으로 말미암아 더는 하나님의 말씀인 성경에 기록될 존재가치가 없는 사탄의 자식들로 전락하게 되는 참담한 모습이 곧 아담 하와 부부를 에덴동산에서 추방하시며 하나님이 최초로 보시게 된 불행한 인류의 미래의 모습이었다.

따라서 창4:24의 라멕의 이야기를 끝으로 가인의 후손들에 관한 기록은 더는 성경에 남아 있지 않게 된다.

그렇다면 하나님이 아담 하와를 에덴에서 내보내시며 최초로 보시게 된 위와 같은 인류의 불행한 미래가 시사하는 성경적 의미는 과연 무엇일까?

그것은 곧 그토록 사랑하던 믿음의 아들 아벨이 누구보다 믿었던 장자 가인에 의해 죽임을 당한 가운데 가인이 하나님 앞을 떠나버림으로써(창4:16) 결국 두 아들을 모두 잃어버리게 된 하와가 그 크나큰 충격에 의해 임신의 어려움을 겪게 된 것인바, 이후로 땅 위엔 사탄의 영에 종속된 가인의 타락한 후손들과 그들의 타락한 문화에 동화된 족속들만 넘쳐날 뿐 하나님이 선포하신 창1:28의 말씀과 창3:15의 말씀을 이루어야 할 인류가 더는 이 땅 위에 존재하지 않게 되는 심각한 상황임을 의미하는 것이다.

2

하나님께서 에덴동산 밖 아담 하와의 삶 속에 직접 들어오시게 된 이유

　이처럼 아담 하와 부부를 에덴동산에서 내보내시며 비로소 불행한 인류의 미래를 최초로 모두 보시게 된 하나님께선 이루 말로 할 수 없는 큰 충격과 슬픔을 겪게 되신다.

　하지만 그러한 가운데서도 위와 같은 인류의 불행한 비극이 현실에서 실제로 일어나는 것을 막으시고자 하나님께선 에덴동산 밖의 아담 하와 부부의 삶 속으로 직접 들어오시는 결정을 내리시게 된다.

　이렇게 하신 이유는 앞서 선포하신 창1:28의 말씀과 창3:15의 말씀을 이루시기 위해 가인의 살인을 막으시고자 에덴동산 밖에서의 아담 하와 부부의 고단한 일상과 가인의 출생 및 그의 성장 과정을 피조물인 그들의 시간 속에서 직접 지켜보시며 장차 창4:6~7에 기록될 가인을 위한 하나님의 준엄하신 경고의 때를 기다리기 위함이셨다.

이는 곧 장자 가인이 제사 문제와 관련하여 아우 아벨을 쳐 죽임으로써 이후 놋 땅에 세워질 에녹 성과 그로 인한 가인 후손들의 타락을 막기 위해 가인에게 마음을 돌이킬 기회를 주고자 하시는 하나님의 깊은 뜻이셨다.

세월이 지난 후(창4:3)의 의미

이처럼 하나님께서 그들의 시간 속에 함께하시는 가운데 가인과 아벨의 출생 이후 세월이 지나는 동안 아담 하와 부부와 그의 자손들이 땅을 일구어 농사를 짓고 가축을 치며 땀 흘려 애써 살아가는 모습들을 사랑과 애정의 안타까운 마음으로 지켜보시며 그들의 생각과 마음을 통찰하시게 된다.

그러한 가운데 네가 수고하고 자식을 낳을 것이라(창3:16)는 말씀과 네가 흙으로 돌아갈 때까지 얼굴에 땀을 흘려야 먹을 것을 먹으리라(창3:19) 하신 말씀에 따라 하와의 연이은 출산에 따른 육아와 의식주를 해결하기 위한 아담의 고단한 노동의 삶이 이어지게 된다.

이러한 육체적인 고단한 삶의 연속을 통해서 그들 부부는 비로소 하나님의 동산인 에덴에서 하나님과의 올바른 소통을 갖지 못한 자신들의 어리석음과 하나님과 함께하던 시간들이 얼마나 복되고 소중한 순간들이었음을 절실히 깨닫게 됨으로 말미암아 하나님의 위대하심과 그 크신 사랑의 마음을 영혼 깊이 간직하게 된다.

따라서 하나님과의 소통을 소홀히 하여 대화가 단절됨으로 말미암아 지난날 자신들과 같은 불순종의 죄를 자신들의 자녀들만큼은 되풀이하지 않도록 하기 위해 고단한 삶 가운데서도 하나님에 대한 자녀들의 교육만큼은 그들 부부가 게을리하지 않게 된다.

즉 가인과 아벨을 비롯한 출생한 모든 자녀들에게 하나님의 위대하심과 크신 사랑에 깊은 경외심과 항상 감사한 마음을 가질 것을 가르쳤으며 특히 무엇이든 혼자 마음으로 판단하여 결정하지 말고 하나님께 주저함 없이 여쭐 것을 전심을 다하여 가르치게 된다.

이러한 가운데 상당한 세월이 지나(창4:3) 아담 하와 부부가 에덴 바깥세상의 삶에 적응되어 안정을 찾게 되자 그동안에 상당수 번성한 자녀들과 독립한 그들의 자녀들을 바라보며 비로소 창조주 하나님을 향한 예배의 필요성을 깊이 인식하기에 이른다.

따라서 그들 부부와 가장 가까이 살고 있는 장자 가인과 그 아우 아벨에게 이미 독립한 그 밑의 많은 형제자매들과 그들의 가족들을 대신하여 우선적으로 하나님께 예배의 형식인 제사를 드리도록 권유하게 된다.

이로써 가인과 아벨이 그 밑의 많은 동생들과 그 가족들을 대신하여 하나님께 최초로 제사를 드리게 된다.

여기서 잠깐 부언하자면 아담 하와 부부가 가인과 그 아우 아벨을 출생할(창4:1~2) 당시에 출생과 사망 시의 나이가 상세히 기록된 창세기 5장의 아담의 계보와는 달리 아담 하와 부부의 출생 시의 나이가 창세기 4장에 기록되지 않은 이유는 왜일까?

그 이유는 하나님의 선악과 명령에 불순종하기 전까지는 죄와 무관한 그들 부부이기에 죽음이 없어 시간의 흐름에 전혀 영향을 받지 아니하였으나 선악과 명령의 불순종으로 에덴에서 쫓겨남으로 말미암아 몸은 성인임에도 불구하고 그때로부터 시간의 흐름에 영향을 받아 비로소 사람의 나이로 한 살이 되었기 때문이다.

따라서 그들 부부가 동침하여 장자 가인을 낳았을 때 몸은 성인이나 그들 부부의 나이는 세 살이었으며 이후 아우 아벨을 낳게 되었을 때도 그들 부부의 나이는 불과 다섯 살 때의 일이었기 때문에 가인과 아벨의 출생 시 아담 하와의 나이를 성경에 기록하지 않도록 하신 것이다.

이처럼 세월이 지나는 동안 아담 하와 부부로부터 많은 자녀들이 출생하게 되고 성인이 된 그들의 자녀들 역시 20대를 전후로 하여 하나님의 뜻에 따라 근친결혼을 통해 자녀들을 계속 낳게 된 것이다.

이와 같이 가인과 아벨이 부모의 권유에 따라 그들의 가족들을 대신하여 하나님께 최초로 제사를 드리게 되었을 때 그들의 나이는 다음과 같았으니, 부모인 아담 하와의 나이는 각 128세가 되었고 가인의 나이는 126세가 되었으며 아벨의 나이는 124세가 되었던 것이다.

하지만 그들의 평균수명이 창세기 5장에 기록된 바대로 900년 이상이 되기에 그들의 몸은 오늘날 20대 초반 정도의 젊고 건강한 몸이었음을 짐작할 수 있는 것이다.

이와 같은 사실은 아담 하와 부부가 에덴에서 쫓겨난 후 120여 년의 세월이 지나는 동안 생육하고 번성하여 땅에 충만하라는 하나님의 말씀에 따라 가인에 의한 인류 최초의 살인 사건 당시 땅 위에 가인 시대의 인구수가 상당수 존재하였음을 의미하는 것이다.

하나님께서 가인과 그의 제물을 받지 않으신 이유

이렇듯 가인과 아벨이 부모의 권유대로 그의 가족들을 대신하여 최초로 하나님께 예배의 형식인 제사를 드리게 되지만 하나님께선 아벨과 그의 제물만 받으시고 가인과 그의 제물은 받지 않으시게 된다.

하나님께서 이렇게 하신 이유는 그의 부모 아담 하와가 맏아들인 가인에게 특별한 애정과 관심을 가지고 하나님에 대한 가르침을 게을리하지 않았음에도 불구하고 하나님에 대한 경외심과 부모에 대한 마음 씀이 부족한 가인이었으며 밑의 아우들에 대한 행동 또한 평소 이기적이며 선하지 못한 가인이었다.

이러한 이유로 하나님께서 가인과 그의 제물을 받지 아니하심으로써 가인이 자신의 제물을 받지 않으신 하나님 앞에 나아와 겸손히 그 이유를 여쭈며 하나님과의 소통의 시간을 갖는 가운데 지난날의 자신의 잘못을 깨닫고 뉘우쳐 선을 행하는 사람이 되길 간곡히 바라시는 아버지 하나님의 마음에서였던 것이다.

즉 하나님께서 가인과 그의 제물을 받지 아니하는 침묵의 충고를 통하여 가인에게 하나님과의 소통의 기회를 줌으로써 믿음의 아들 장자 가인으로 세우고자 함이셨던 것이다.

그러나 하나님의 의중을 전혀 헤아리지 못한 가인은 아벨에 대한 시기와 함께 자신의 제물을 받지 아니하신 하나님께 대한 원망과 분노의 마음만으로 가득하게 되고 만다.

바로 이때, 가인의 출생 이후 120여 년의 세월이 지나는 동안 그들의 시간 속에 함께하시며 경고의 때를 기다리시던 하나님께서 마침내 하나님의 거룩하신 음성으로 가인에게 임하시게 된다.

가인에 대한 하나님의 경고와 아벨의 죽음(창4:6~8)

여호와 하나님이 가인에게 이르시되 "네가 분하여 함은 어찌 됨이며 안색이 변함은 어찌 됨이냐 네가 선을 행하면 어찌 낯을 들지 못하겠느냐 선을 행하지 아니하면 죄가 문에 엎드려 있느니라 죄가 너를 원하나 너는 죄를 다스릴지니라(창4:6~7)"는 준엄하신 경고의 말씀을 하나님께서 직접 하시기에 이른다.

이 경고의 말씀은 천사 대장 루시퍼에게 내리신 경고의 말씀, 곧 네가 분하여 함은 어찌 됨이며 마음이 어두워짐은 어찌 됨이냐 네가 충성을 다하면 어찌 낯을 들지 못하겠느냐 충성을 다 하지 아니하면 탐욕이 문에 엎드려 있느니라 탐욕이 너를 원하나 너는 네 마음을 다스릴지니라는 말씀과 같은 맥락의 경고로서 이는 하나님의 경고를 무시한 루시퍼의 불순종의 죄를 가인을 통하여 회복하고자 하시는 진리이신 하나님의 간곡한 마음이 담긴 경고의 말씀이셨던 것이다.

그러나 평소 선하지 못한 그의 행실과 마음으로 인해 이를 예의주시하던 공중 권세 잡은 사탄의 첫 표적이 되어 이미 악한 영에 종속된 가인이었기에 초자연적으로 자신에게 처음 임하시는 하나님의 경고의 음성에도 불구하고 어떠한 두려움이나 망설임도 없이 하나님의 준엄하신 경고의 말씀을 천사 대장 루시퍼가 그러했듯 가인 또한 정면으로 외면해 버리고 만다.

그뿐 아니라 "너희는 너희 아비 마귀에서 났으니 너희 아비의 욕심대로 너희도 행하고자 하느니라 그는 처음부터 살인한 자요 진리가 그 속에 없으므로 진리에 서지 못하고 거짓을 말할 때마다 제 것으로 말하나니 이는 그가 거짓말쟁이요 거짓의 아비가 되었음이라(요8:44)" 하신 예수님의 지적이 계셨듯이, "가인이 그의 아우 아벨에게 말하고 그들이 들에 있을 때에 가인이 그의 아우 아벨을 쳐죽이니라(창4:8)"는 말씀 가운데 "말하고"의 의미가 곧 아우 아벨을 죽이기 위한 최초의 살인자, 즉 처음부터 살인한 자인 가인의 거짓과 협박의 말을 의미하는 것이다.

즉 하나님이 자신에게 경고한 창4:6~7 말씀의 내용을 가인이 거짓으로 과장하여 아벨에게 말함으로써 그를 인적이 없는 들로 유인하게 된 것이다.

이와 같은 형의 말에 아무런 의심 없이 들에 나온 아벨을 가인이 몰래 뒤따라가 별안간에 덮쳐 쓰러뜨린 후 아벨의 가슴 위에 올라타 앉게 된다.

그리고 아벨에게 말하여 이르길 "이제 내가 너를 죽일 것이니 너를 그토록 사랑하는 하나님에게 지금 너를 살려달라고 애원해 보거라"는 협박성 말을 하게 된다.

하지만 그러한 형을 탓하지 아니하고 안타까운 눈으로 바라보는 아벨을 향하여 가인이 분에 찬 음성으로 다시금 소리쳐 말하길 내가 너를 이제 쳐 죽일 것이니 네가 그토록 섬기는 하나님에게 지금 너를 구원해 달라고 애원해 보란 말이다라는 말을 되풀이하여 외치던 가인이 자신의 분을 못 이긴 채 보란 듯이 아우 아벨을 수차례 가격하여 쳐 죽임으로써 죄 없이 희생된 아벨의 피가 들의 온 땅을 붉게 적시게 된다.

오직 인류를 죄로부터 지키고자 하시는 하나님의 간곡한 노력에도 불구하고 안타깝게도 피를 나눈 자신의 형제를 쳐 죽이는 인류 최초의 살인과 죽음이 장자 가인에 의해 현실에서 결국 실현되고 만 것이다.

(이때 가인의 나이 126세, 아벨의 나이 124세 때임)

더욱이 "네 아우 아벨이 어디 있느냐"는 하나님의 질문에 대해 가인이 이르길 "내가 알지 못하나이다 내가 내 아우를 지키는 자니까(창4:9)"라는 말로써 자신의 죄를 부인하며 거짓말로 하나님을 속이려 들기에까지 이르고 만다.

따라서 아담 하와의 불순종의 죄로 인하여 인류에 성립된 죄가 안타깝게도 가인의 살인으로 이어짐으로 말미암아 하나님 보시기에 인류의 중심에 그 죄악성이 뿌리내리게 되는 결과가 되고 만다.

3
가인이 에녹 성을 쌓은 이유

 이에 여호와께서 이르시되 "네가 무엇을 하였느냐 네 아우의 핏 소리가 땅에서부터 내게 호소하느니라 네가 땅에서 저주를 받으리니 네가 밭을 갈아도 땅이 다시는 그 효력을 네게 주지 아니할 것이요 너는 땅에서 피하며 유리하는 자가 되리라(창4:10~12)"는 징벌을 가인에게 내리시게 된다.

 이에 가인이 여호와께 아뢰길 "내 죄벌이 지기가 너무 무거우니이다 주께서 오늘 이 지면에서 나를 쫓아내시온즉 내가 주의 낯을 뵈옵지 못하리니 내가 땅에서 피하며 유리하는 자가 될지라 무릇 나를 만나는 자마다 나를 죽이겠나이다(창4:13~14)"라며 자신이 저지른 죄에 대한 일말의 반성도 없이 오직 자신의 안위만을 염려하며 두려움에 떨게 된다.

 그럼에도 불구하고 그러한 그를 불쌍히 여기신 여호와께서 이르시되 "그렇지 아니하다 가인을 죽이는 자는 벌을 칠 배나 받으리라(창4:15)" 하시고 가인에게 표를 주심으로써 만나는 모든 사람 곧 아벨의 자손들과 친족의 복수로부터 죽임을 면하도록 하신다.

하지만 이러한 하나님의 은총에도 불구하고 자신의 죄에 대한 반성과 하나님께 대한 감사의 마음 또한 전혀 없이 가인이 서둘러 하나님 앞을 떠나고 만다(창4:16).

따라서 하나님 앞을 떠나 땅을 유리하던 가인이 에덴 동쪽 놋 땅에 거주하여 아내와 동침하매 그가 임신하여 아들 에녹을 낳게 된다.

그러나 아들 에녹을 주신 하나님의 은혜에 대하여 전혀 감사함을 모르는 그가 놋 땅에 성을 쌓고 그의 아들의 이름으로 성의 이름을 에녹이라 하게 된다(창4:16~17).

이처럼 가인이 놋 땅에 서둘러 성을 쌓게 된 이유는, 자신의 제물을 받지 아니한 하나님이 주신 징표에 대해 죽임을 면하는 표의 능력을 더 믿지 못하는 하나님에 대한 강한 불신이 마음 한편에 자리 잡고 있었던 그였기에 오직 자신의 힘으로 아벨의 자손들과 친족의 복수로부터 자신의 후손들을 지키고자 성을 쌓게 된 것이었다.

따라서 하나님께서 앞서 처음 보신 바대로 아들 에녹을 비롯한 가인 후손들의 영적 타락으로 말미암아 라멕의 시대에 이르러서는 에녹 성을 비롯한 땅 위의 모든 족속들이 마음에서 하나님을 떠나 잊어버림으로써 하나님 보시기에 성경에 더는 기록될 가치가 없는 존재들로 전락하게 되고 만다.

라멕의 시대(창4:24)를 끝으로 가인 후손들의 이야기가 성경에 기록되지 않은 이유와 그 의미

위와 같은 내용의 포괄적 의미는 다음과 같은바, 가인의 살인으로 비롯된 에녹 성의 타락과 성경에 기록된 가인의 마지막 후손인 잔악한 라멕의 시대가 이 땅에 도래하지 않도록 하기 위해 에덴동산 밖의 아담 하와 부부와 그 자손들의 삶 속에 직접 들어오신 하나님께선 가인이 아우 아벨을 쳐 죽이는 인류 최초의 살인을 막으시고자 가인과 아벨이 제사를 드리기까지 120여 년을 그들의 시간 속에서 함께하시며 가인을 위한 창4:6~7 말씀의 경고의 때를 기다리시게 된 하나님이셨다.

그러나 하나님의 이러한 수고와 노력에도 불구하고 결국 가인의 살인이 현실에서 실현됨으로 말미암아 성경에 기록된 가인의 마지막 후손인 라멕(창4:23~24)의 시대에 이르러 땅 위의 모든 족속이 가인 후손들의 타락한 향락문화에 오염되어 사탄의 영에 종속됨으로 말미암아 하나님 보시기에 더는 성경에 그들 후손들의 역사를 기록할 가치가 없음에 따라 창4:24을 끝으로 가인 후손들의 이야기는 성경에서 사라지게 된다.

위의 상황이 의미하는 바는 하나님이 앞서 선포하신 창1:28의 말씀과 창3:15의 말씀을 이루어야 할 인류가 더는 이 땅 위에 존재하지 않게 됨을 의미한다는 것이다.

4

하와의 셋의 임신과 하나님이 두 번째로 보신 미래의 인류 모습

　하지만 그럼에도 불구하고 진리이신 하나님이심으로 말미암아 앞서 선포하신 창1:28의 말씀과 창3:15의 말씀을 반드시 이루셔야만 하는 하나님이셨다.

　따라서 하나님께선 가인의 살인으로 인한 에녹 성의 타락으로부터 인류를 구원하시기 위해 장자 가인의 살인과 믿음의 아들 아벨의 처참한 죽음으로 인하여 감당하기 어려운 큰 충격과 슬픔에 빠진 채 임신의 어려움을 겪는 하와를 돌아보시게 된다.

　그리고선 충격과 슬픔에 빠진 하와를 긍휼히 여기신 하나님께서 가인이 놋 땅에 에녹 성을 쌓을 즈음에 하와의 태의 문을 다시 열어주시게 된다.

　이에 아담이 자기 아내와 다시 동침하매(창4:25) 하와가 마침내 셋을 임신하기에 이른다.

이처럼 하나님께서 하와의 태의 문을 다시 열어주심으로 말미암아 하와가 셋을 임신하게 됨에 따라 하나님께선 하와가 셋을 임신한 그 시점에서 장차 셋의 출생 후 전개될 인류의 미래를 창조주의 절대주권으로써 시공간을 초월하여 한 번 더 보시게 된다
　하지만 아담 하와 부부의 뒤를 쫓아 에덴동산을 떠나며 사탄이 자신에게 다짐한 말, 곧 하와의 후손인 여자의 후손들을 땅 위에 하나 남김없이 다 삼켜 나의 종노릇하게 하리라는 사탄의 저주대로 셋의 후손들 역시 가인 후손들의 타락한 문화에 동화되어 그들의 마음에서 하나님을 떠나 땅 위에 하나님을 기억하는 인생이 하나도 없음을 보시게 된 하나님께서 땅 위에 사람 지으신 것을 한탄하시고 마음에 근심하시는 가운데 결국 땅 위의 모든 생명을 물로써 지면에서 쓸어버리고자 하시는 충격적인 모습을 현재의 시각으로 보시게 되고 만다.

　(현재의 시각으로 보신다는 의미는 하나님께서 그 현장에 실제로 가 계심을 의미하는 것이다. 즉 미래의 또 다른 하나님 자신을 본다는 의미가 결코 아니라는 것이다. 다시 말해 피조물인 우리들의 눈에는 아직 일어나지 않은 미래의 일이겠으나 하나님께서는 시간의 주관자이심으로 말미암아 하나님의 시각으로 바라보시는 모든 것은 언제나 현재라는 것이다. 즉 하나님 앞에서의 시간은 모두 현재가 된다는 의미인 것이다)

　이와 같은 충격적인 상황을 현재의 시각으로 미리 보시게 된 하나님께서는 큰 슬픔과 깊은 고뇌 가운데 가인의 살인의 결과로 빚어진 에녹 성의 타락과 그로 인한 인류의 타락으로 말미암은 대홍수의 심판으로부터 어떡해서든 인류의 멸망을 막고자 계획

하시게 된다.

따라서 하나님께선 이제 하와의 복중에 임신하게 된 귀한 생명인 셋을 향하여 특별하신 은총을 베푸심으로써 10개월의 기간이 지나 마침내 하와가 복중의 소중한 생명인 셋을 무사히 순산하게 된다.

> 아담이 다시 자기 아내와 동침하매 그가 아들을 낳아 그의 이름을 셋이라 하였으니 이는 하나님이 내게 가인이 죽인 아벨 대신에 다른 씨를 주셨다 함이라(창4:25)

위의 말씀처럼 아내 하와의 태를 다시 열어주셔서 셋을 순산하게 해주신 하나님의 크신 은혜에 남편 아담은 하나님을 향한 감사와 기쁜 마음을 그치지 않게 된다.

영혼 구원의 예정과 그 시점

이와 같이 아담 하와 부부를 에덴에서 추방하실 때와 아벨의 죽음 이후 하와가 셋을 임신했을 때에 두 번에 나누어 불행한 인류의 미래를 모두 꿰뚫어 보시게 된 하나님께선 앞서 선포하신 창1:28의 말씀과 창3:15의 말씀을 반드시 이루시고자 하게 된다.

따라서 하나님께선 장차 태어날 셋의 후손들 중에서 공중 권세 잡은 사탄의 영에 결코 종속되지 아니할 하나님의 자녀들을 아벨의 죽음과 셋의 출생 사이의 시점에서 진리이시며 전지전능하신 창조주 하나님의 절대주권으로서 모두 예정하시게 된다.

이에 하나님께선 장차 아담의 계보이자 그리스도의 족보를 이룰 하나님의 아들들에 해당하는 인물들 곧 셋, 에노스, 게난, 마할랄렐, 야렛, 에녹, 므두셀라, 라멕 그리고 노아와 그 가족들을 먼저 예정하시고 또한 대홍수 이후 땅 위에 새로이 번성할 수많은 영혼들에 관한 구원의 예정을 비롯하여 토기장이 하나님, 아기 예수의 탄생과 십자가 희생, 그리스도의 부활과 승천 및 그리스도의 재림, 천년왕국 및 새 하늘과 새 땅에 이르기까지 그 모든 세밀한 계획을 아벨의 희생과 셋의 출생 사이의 시점, 즉 셋이 출생하기까지의 10개월의 기간 동안 깊은 고뇌와 숙고 가운데 보다 구체적으로 완벽히 세우시게 된다.

이 시점이 바로 하나님의 관점에서 볼 때에 그리스도의 십자가 희생과 그리스도의 부활을 상징하는 의미인 아벨의 죽음과 셋의 출생 사이의 시점인 것이다.

즉 셋의 출생은 아담의 계보이자 장차 예수님의 족보(눅3:23~38)를 이루며 죽음을 이기고 부활하신 그리스도를 상징하는 의미로서 하나님의 특별하신 은총에 의한 생명이었기에, 내게 가인이 죽인 아벨 대신에 다른 씨를 주셨다는 고백을 아담이 하게 된 것이다.

이와 같은 아담의 고백은, 히11:4의 "~그가 죽었으나 그 믿음으로써 지금도 말하느니라"는 말씀의 의미를 더욱 분명히 깨닫게 한다는 것이다.

즉 히11:4의 말씀을 하나님의 관점에서 헤아리게 되면 이 말씀이 의미하는 바가 단순히 아벨 자신의 억울한 죽음을 하나님께

호소하는 상황이 결코 아님을 깨닫게 하신다는 것이다.

 오히려 믿음의 아들 아벨은 가인과 달리 그의 부모로부터 하나님에 대한 올바른 믿음을 물려받음으로 말미암아 죄 없이 희생된 자신의 죽음이 결코 헛되지 아니하여 후대의 인류가 죄로부터 승리하는 전환점이 되기를 들의 온 땅을 붉게 적시며 흘린 그의 피와 그 믿음으로써 창조주 하나님께 지금 이 순간에도 간곡히 호소하고 있다는 의미임을 확연히 깨닫도록 하신다는 것이다.

 이러한 관점에서 볼 때 죄 없이 희생된 아벨의 피는 곧 예수님께서 장차 십자가에서 죄 없이 흘리신 피의 값으로 우리를 사게 될 것임을 의미하는 피인 것이다.

 이처럼 하나님께선 아담 하와 부부의 불순종과 가인의 살인과 에녹 성의 타락으로 인한 마음의 상처를 모두 극복하시고 마침내 아벨의 죽음과 셋의 출생 사이의 시점에서 인류를 향한 영혼 구원의 예정과 그 세밀한 계획을 그 기쁘신 뜻대로 예정하사 완벽히 세우심으로 말미암아 앞서 선포하신 창1:28의 말씀과 창3:15의 말씀을 노아의 대홍수 이후 땅 위에 다시 번성하게 될 인류를 통하여 반드시 이루시게 됨을 오늘날의 우리들에게 보여주고 계신 것이다.

 다만 이 시점에서 반드시 주목해야 할 점은 인류의 영혼 구원을 위한 하나님의 예정의 시점과 그 구체적인 세부계획에 관해선 공중 권세 잡은 사악한 존재로부터 하나님의 계획을 지키시고 나아가 땅 위에 다시 번성하게 될 인류를 보호하시기 위해 그 내용을 하나님만이 아시는 복음의 비밀로서 장차 때가 되어 하나님께서 드러내시는 날까지 감추시게 되었다는 사실이다.

즉 모세를 통하여 그 포괄적인 내용을 창세기 1장~11장 가운데 기록하게 하시되 구체적인 내용과 하나님의 깊은 의중은 드러나지 않도록 하신 것이다.

그 명백한 증거의 말씀이 곧 마13:35의 "이는 선지자를 통하여 말씀하신바 내가 입을 열어 비유로 말하고 창세부터 감추인 것들을 드러내리라 함을 이루려 하심이라"는 말씀인 것이다.

다시 말해, 진리이신 하나님께서 스스로 감추셨다 함은 하나님의 때가 되어 반드시 드러내시기 위해 감추신 것임을 결코 잊지 말아야 할 것이다.

가인에게 죽임을 면하는 표를 주신 근본 이유

이러한 사실에 비추어 볼 때 하나님의 경고의 말씀(창4:6~7)을 정면으로 외면한 채 보란 듯이 아우 아벨을 쳐 죽이고 자신의 죄에 대한 반성은커녕 하나님께 거짓을 고할 뿐 아니라 하나님의 징계에 대해 자신의 안위만을 염려하는 가인임에도 불구하고(창 4:8~14) 두려움에 떠는 가인을 불쌍히 여기시어 그에게 죽임을 면하는 표를 주셔서 아벨의 후손들과 친족의 복수로부터 가인의 생명을 지켜주신 하나님의 의중에 대해 하나님의 관점에서 다시금 생각해 볼 필요가 있다는 것이다.

즉 형제를 쳐 죽이는 인류 최초의 잔악한 살인을 저지르고서도 일말의 반성 없이 자신의 안위만을 염려하는 가인에게 하나님께서 죽임을 면하는 표를 굳이 주시게 된 하나님의 의중은 과연 무엇일까 하는 것이다.

하나님께서 가인에게 죽임을 면하는 표를 주신 이유는, 가인에게 자신의 죄를 참회할 마지막 기회를 줌으로써 불신의 상징인 에녹 성을 근거로 한 가인 후손들의 타락으로 말미암아 인류의 멸망으로 치닫는 라멕의 시대를 막으시고자 그에게 죽임을 면하는 표를 주시게 된 이유인 것이다.

다시 말해, 자신이 저지른 끔찍한 죄에도 불구하고 죽임을 면하는 표를 주신 하나님의 크신 사랑과 은혜에 가인이 감동하여 뒤늦게나마 자신의 죄를 진심으로 뉘우치고 그 자리에서 하나님께 용서를 구했다면 사랑의 하나님께선 그를 용서하시고 그에게 내린 징계를 철회하여 그의 부모 곁으로 돌아가 밭을 갈며 선한 삶을 살도록 인도하심으로 말미암아 에녹 성의 타락과 그로 인한 인류의 타락으로 발생될 대홍수의 비극은 인류 역사에 기록되지 않았으리라는 것이다.

세 번의 기회

참으로 안타까운 사실은 하나님께선 아담과 하와에게 세 번의 기회, 즉 선악과 명령을 통한 하나님과의 소통으로 사탄의 유혹을 사전에 차단할 기회, 사탄의 유혹을 말씀에 의해 물리칠 기회,

하나님께 용서를 구할 기회 등을 주셔서 죄로부터 인류를 지키시고자 하신 것처럼 가인에게도 마찬가지로 세 번의 기회, 즉 가인과 그의 제물을 받지 아니하심으로써 하나님과 소통할 기회, 창 4:6~7의 경고의 말씀에 마음을 돌이킬 기회, 죽임을 면하는 표에 의해 참회와 용서를 구할 기회 등을 주셔서 가인이 뉘우쳐 죄로부터 돌아서길 간곡히 바라셨으나 안타깝게도 아담의 영적 침체와 가인의 영적 타락으로 말미암아 소중한 세 번의 기회들이 모두 무산되고 말았다는 사실이다.

　정리하자면, 이와 같은 참담한 사실 앞에 절대자이신 창조주의 권능으로서 어긋나 버린 지난 일들을 모두 뒤엎고 말씀 한마디로 새로이 시작할 수 있는 전지전능하신 하나님이심에도 불구하고 진리이심으로 말미암아 앞서 선포하신 창1:28의 말씀과 창3:15의 말씀을 반드시 이루셔야만 하는 하나님이셨다.

　그러한 하나님이시기에 스스로를 절제하시는 가운데 그때로부터 지금에 이르기까지 오직 인류를 죄로부터 지키고자 하시는 창조주 하나님의 심중이 어떠하시겠는가를 하나님의 자녀인 그리스도인들이 이제부터라도 하나님의 관점에서 하나님의 아픈 마음을 깊이 헤아릴 수 있어야 한다는 것이다.

　그러할 때 아벨의 죽음과 셋의 출생 사이의 시점에서 사탄의 영에 결코 종속되지 아니할 하나님의 사람들을 그 기쁘신 뜻대로 예정하시게 된 창조주 하나님이 어떠하신 분인지를 깨닫도록 하시는 크신 은혜와 함께 인류를 향한 하나님의 아픈 뜨거운 눈물을 나의 믿음의 눈으로 감히 보게 됨을 허락하시는 것이다. 아멘!

제6부

하나님의 아들들과 사람의 딸들(창6:1~4)

1: 사람이 땅 위에 번성하기 시작할 때에 그들에게서 딸들이 나니

2: 하나님의 아들들이 사람의 딸들의 아름다움을 보고 자기들이 좋아하는 모든 여자를 아내로 삼는지라

3: 여호와께서 이르시되 나의 영이 영원히 사람과 함께 하지 아니하리니 이는 그들이 육신이 됨이라 그러나 그들의 날은 백이십 년이 되리라 하시니라

4: 당시에 땅에는 네피림이 있었고 그 후에도 하나님의 아들들이 사람의 딸들에게로 들어와 자식을 낳았으니 그들은 용사라 고대에 명성이 있는 사람들이었더라

1

하나님의 아들들과 사람의 딸들의 정체성

　아우 아벨을 죽인 후 여호와 앞을 떠난 가인이 놋 땅에 거주하며 낳은 에녹의 자손들이 에녹 성을 근거로 땅 위에 번성하여 아들과 딸들을 낳게 된다.

　마찬가지로 가인이 에녹 성을 쌓을 즈음에, 믿음의 아들 아벨의 처참한 죽음의 충격으로 인하여 임신의 어려움을 겪고 있는 하와의 태를 하나님께서 다시 열어 주심으로 말미암아 아담 하와 부부가 낳은 셋의 후손들 역시 땅 위에 번성하여 자녀들을 낳게 된다.

　위의 말씀 가운데 유의할 점은 하나님의 아들들과 사람의 딸들의 정체성인바, 하나님의 아들들이 상징하는 바는 하나님의 자녀들인 셋의 후손들 중 남자들을 상징하는 것이며 사람의 딸들이 상징하는 바는 하나님의 아들들과 반대되는 개념으로서 사탄의 자식들 곧 하나님 앞을 떠난 가인의 후손들 중 여자들을 상징하는 의미인 것이다.

그 근거의 말씀이 위 3절의 여호와께서 이르시되 나의 영이 영원히 사람과 함께 하지 아니하리니 이는 그들이 육신이 됨이라 그러나 그들의 날은 120년이 되리라는 말씀이다.

이는 하나님 보시기에 장차 예수님의 족보(눅3:23~38)를 이룰 하나님의 아들들에 해당하는 셋 후손의 아들들의 상당수가 사탄의 영에 종속된 가인 후손의 딸들의 아름다움에 현혹되어 그들의 마음이 하나님을 떠나 일부일처제의 하나님의 법을 저버리고 자기들이 좋아하는 모든 여자를 아내로 삼음으로 말미암아 이들의 몸이 다 함께 타락한 육신으로 전락함으로써 하나님의 영이 떠난 그들의 수명이 점차 단축되어 120년이 되리라는 말씀이다.

따라서 그들이 육신이 됨이라는 말씀의 진정한 의미는 타락 천사가 육신이 됨을 뜻하는 것이 결코 아니라 위 3절 문장의 주어인 그들 곧 사람이 자기들이 좋아하는 모든 여자를 아내로 삼는 타락한 육신이 됨으로 말미암아 하나님의 영이 떠난 그들 곧 사람의 날이 120년이 된다는 의미임을 분명히 인식해야 한다는 것이다.

그렇다면 하나님의 아들들이라 일컫는 셋의 후손들이 무엇 때문에 가인 후손의 딸들의 아름다움에 현혹되어 자기들이 좋아하는 모든 여자를 아내로 삼게 되었을까?

이를 이해하기 위해서는 하나님 앞을 떠난 가인의 자손들이 놋 땅에 에녹 성을 쌓고 어떠한 삶을 살았는지를 성령의 인도하심을 따라 하나님의 관점에서 살펴보아야 할 것이다.

수금과 퉁소, 구리와 쇠의 상징성

> 가인이 여호와 앞을 떠나서 에덴 동쪽 놋 땅에 거주하더니 아내와 동침하매 그가 임신하여 에녹을 낳은지라 가인이 성을 쌓고 그의 아들의 이름으로 성을 이름하여 에녹이라 하니라(창 4:16~17)

위의 말씀처럼 가인이 여호와 앞을 떠나 놋 땅에 성을 쌓게 된 이유는 하나님이 가인에게 주신 죽임을 면하는 표를 그가 더는 믿지 못해 자신의 힘으로 그와 그의 후손들을 지키고자 쌓은 성이었던 것이다.

이처럼 여호와 앞을 떠난 것도 모자라 하나님이 주신 징표를 믿지 못해 스스로를 지키고자 성을 쌓게 된 가인과 그의 후손들이 공중 권세 잡은 사탄의 표적이 됨으로써 악한 영에 종속된 가인의 후손들이 에녹 성을 근거로 하여 땅 위에 번성하게 된다.

한편 하나님의 아들들에 해당하는 셋의 후손들 역시 하나님의 섭리에 의해 땅 위에 번성하게 되는바, 하나님의 징계에 의해 농사를 지을 수 없어 짐승을 사냥하여 육류를 주식으로 하며 살아가던 가인의 후손들이 때로는 곡물을 구하기 위해 하나님께 제사를 드리며 소박한 삶을 살아가는 셋의 후손들을 찾아와 셋 후손들의 농작물과 자신들이 쌓아 이룩한 성의 문물들 즉 여러 종류의 짐승의 가죽과 악기들과 구리와 쇠를 이용한 기구(창4:20~22)와의 물물교환을 가지며 일정 기간 서로 왕래하게 된다.

이와 같이 하나님 앞을 떠난 가인의 후손들이 하나님의 아들들인 셋의 후손들과의 물물교류를 갖게 되는 가운데 시간이 지남에 따라 구리와 쇠를 적극 활용한 가인 후손들의 세력이 강성해지자 사냥기구로서의 범위를 넘어 성 밖의 다른 부족들을 무력으로 침략하는 살생 도구로 구리와 쇠를 악용함으로써 자신들이 쌓은 성의 지경을 넓혀가게 된다.

또한 자신들의 유희를 위해 만든 수금과 통소 등의 악기들로 인해 음주가무의 향락문화가 에녹 성안에 만연하게 된다.

한마디로 가인의 후손들이 만든 수금과 통소는 궁극적으로 그들 에녹 성의 타락 문화의 상징이며 구리와 쇠는 전쟁과 살육의 상징인 것이다.

이처럼 하나님 앞을 떠나 공중 권세 잡은 사탄의 영에 종속된 가인의 후손들의 타락해 가는 모습을 예의주시하던 사탄이 하나님의 아들들인 셋의 후손들을 일시에 미혹할 절호의 기회가 도래한 것으로 여기고 이 기회에 셋의 후손들의 마음을 유혹하여 가인 후손들의 퇴폐적인 향락문화에 빠져들도록 하기 위한 계략을 꾸미게 된다.

2

사탄의 부하 귀신들이 큰 날의 심판(대홍수)을 앞두고 흑암에서 풀려난 이유

　따라서 지난날 에덴동산의 선악과 명령의 분쟁에서 일시적 승리를 거둔 사탄이 그 대가로 하나님께 허락받아 잡은 공중 권세를 적극 활용하여 흑암 속에 갇혀있는 자신의 부하 귀신들을 이제 속히 풀어줄 것을 하나님께 강력히 요구하게 된다.
　이처럼 지난날 하나님께 허락받은 공중 권세에 의한 사탄의 요구를 이제 들어주실 수밖에 없으신 비통한 심정의 하나님께선 천사로서의 모든 권능을 박탈당한 채 영원한 결박으로 흑암 속에 갇혀 있던 타락 천사들 곧 사탄의 부하 귀신들을 모두 풀어주어 땅으로 내쫓으시게 된다.
　이 근거의 말씀이 곧 "자기 지위를 지키지 아니하고 자기 처소를 떠난 천사들을 큰 날의 심판까지 영원한 결박으로 흑암에 가두셨으며(유1:6)"라는 말씀인바, 부하 귀신들을 흑암에서 풀어주게 된 그때가 곧 머지않아 있게 될 노아의 대홍수인 큰 날의 심판을 앞둔 때였음을 의미하는 것이다.

이처럼 천사로서의 모든 권능이 박탈당한 채 흑암에서 풀려나 땅으로 쫓겨 내려온 타락 천사인 부하 귀신들은 오로지 공중 권세 잡은 그들의 대장인 사탄의 영향력 아래 놓이게 됨으로 말미암아 사탄의 공중 권세에 의한 지시에 전적으로 의지하고 따르게 된다.

창세기6:4 말씀의 의미

당시에 땅에는 네피림이 있었고 그 후에도 하나님의 아들들이 사람의 딸들에게로 들어와 자식을 낳았으니 그들은 용사라 고대에 명성이 있는 사람들이었더라(창6:4)

이렇듯 사탄의 지시를 받은 타락 천사들 곧 부하 귀신들이 물물교환을 위해 에녹 성을 찾은 셋 후손의 아들들에게 들어가 가인 후손의 딸들의 아름다움에 현혹되도록 하여 자기들이 좋아하는 모든 여자를 아내로 삼게 하는바, 이에 부하 귀신들이 셋 후손의 아들들과 동침한 가인 후손의 딸들에게도 들어가 일정 기간 머무르면서 사탄의 지시에 따라 셋의 후손의 아들들의 씨가 가인 후손의 딸들의 체내에서 난자와 결합하는 과정 중에 유전적 변이가 더욱 활성화되도록 이끌게 된다.

(가인의 후손들은 하나님의 징계를 받아 농사를 지을 수 없었기에 구리와 쇠를 이

용하여 사냥도구를 만들어 짐승을 사냥하는 수렵생활을 오랜 세월 이어가게 된다. 창 9:3~4 말씀에 기록되어 있듯이 대홍수가 지난 후에 하나님께서 노아의 가족들을 향하여 이르시길, "모든 산 동물은 너희의 먹을 것이 될지라 채소같이 내가 이것을 다 너희에게 주노라 그러나 고기를 그 생명 되는 피째 먹지 말 것이니라"는 말씀으로써 그들에게 비로소 육류의 섭취를 허락하되 그 피째 먹지 말 것을 명령하시게 되지만 가인의 후손들은 그들의 수렵생활방식 탓에 대홍수 이전부터 이미 고기를 주식으로 하였을 뿐 아니라 짐승의 고기를 피째 먹는 식생활이 오랜 기간 지속되고 있었던 것이다. 따라서 그들의 몸은 셋의 후손들에 비해 남녀 모두 골격이 크고 성격도 상당히 호전적인 거친 성격으로 바뀌어 가게 되는바, 이는 셋의 후손들과는 전혀 다른 그들만의 환경적 요인에 의해 그들의 체내에서 유전적 변이가 진행되고 있었기 때문이다)

그 결과로써 가인 후손의 딸들에게서 후일 네피림이라 불리게 되는 아들들이 거인의 종족으로 세상에 태어나게 된다.

즉 정상적인 유전인자를 지닌 셋 후손의 아들들과 유전적 변이에 의한 비정상적 유전인자를 지닌 가인 후손의 딸들과의 동침에 더해 사탄의 농간이 있음으로 말미암아 결국 그들의 사이에서 돌연변이이자 죄의 삯인 네피림이 출생하게 된 것이다.

이처럼 셋 후손의 아들들의 상당수가 가인 후손의 딸들의 아름다움을 보고 자기들이 좋아하는 모든 여자를 아내로 삼는 가운데 가인 후손들의 타락한 향락문화에 동화되어 가는 모습을 모두 지켜보신 하나님께서 탄식하시며 이르시되 "나의 영이 영원히 사람과 함께하지 아니하리니 이는 그들이 육신이 됨이라 그러나 그들의 날은 120년이 되리라(창6:3)"는 참담한 심정을 표하시게 된다.

위와 같은 이유로 인하여 땅에는 타락한 인간의 죄악의 결과인 네피림이 있어 잔혹한 전쟁과 살육이 그치지 않게 되는 가운데 하나님의 아들들이라 일컫는 셋의 타락한 후손들이 계속하여 가인 후손들의 딸들에게로 들어와 아내로 삼으매 네피림이라 불리는 거인 종족의 아들들이 연이어 세상에 태어나게 된다.

이들 네피림은 장대한 키와 체구에 힘 또한 장사인지라 에녹성 밖의 다른 형제의 부족들을 침략하여 자신들의 지경을 넓히는 데 큰 공을 세움으로써 고대의 용사라 칭송받게 된다(창6:4).

이처럼 이들 네피림의 명성으로 인하여 가인 후손의 여인들이 자신들의 미모를 앞세워 셋의 젊은 후손들을 앞다투어 유혹하게 됨에 따라 셋의 후손들 중 상당수가 사탄이 이끄는 대로 가인의 후손들의 타락한 문화에 흡수됨으로 말미암아 네피림의 수는 갈수록 땅 위에 늘어나게 된다.

따라서 이 모든 상황이 하나님께서 앞서 처음 보신 바대로 세상은 더욱더 걷잡을 수 없는 음란과 살육과 향락의 도가니로 빠져들게 되고 만다.

위와 같은 내용이 곧 하나님의 시각에서 바라보는 하나님의 아들들과 사람의 딸들의 정체성인 것과 네피림의 실체임을 오늘날의 그리스도인들이 분명히 인식해야 할 것이다.

에녹의 승천 의미

에녹이 하나님과 동행하더니 하나님이 그를 데려가시므로 세상

에 있지 아니하였더라(창5:24)

　이렇듯 공중 권세 잡은 사탄과 뒤늦게 흑암에서 풀려난 부하 귀신들에 의한 혼탁한 세상 가운데서도 하나님께서는 특별하신 은혜로서 셋의 후손들 중 야벳의 아들인 에녹의 승천(창5:18~24)을 통하여 당시의 그들을 향한 변함없으신 하나님의 관심과 사랑을 나타내시고 또한 미래의 인류인 오늘날 우리들을 향하여서도 죽음이 없는 창1:28의 축복의 말씀을 이루고자 하시는 하나님의 안타까운 마음을 전하시게 된다.

　이는 에녹의 승천이 우리가 생각하고 있는 것처럼 예수님 공중 강림 하실 때의 휴거(살전4:17)만을 상징하기보다는 창1:28 말씀의 본질, 곧 생육하고 번성하여 땅에 충만하여 땅을 정복하고 모든 생물을 다스리며 최고의 선한 문명을 이루어 가는 가운데 죄가 들어오지 아니했기에 죽음이 없는 영광된 삶을 영위하다 땅 위의 모든 사람이 에녹처럼 죽음을 보지 않고 하나님 나라에 순차적으로 올 수 있도록 창세전에 계획하신 하나님의 의중을 오늘날의 우리들이 헤아릴 수 있기를 바라는 마음을 표현하신 것이 곧 에녹의 승천임을 알아야 할 것이다.

3

의인 노아

하나님이 창세전에 계획하신 죽음이 없는 축복된 세상과는 달리 하나님께서 앞서 미리 보신 바대로 시간이 지나 땅 위의 모든 사람들이 하나님을 떠나 사탄의 영에 종속됨으로 말미암아 사람의 죄악이 세상에 가득함과 그의 마음으로 생각하는 모든 계획이 항상 악할 뿐임을 하나님께서 보시고 땅 위에 사람 지으셨음을 한탄하사 마음에 근심하시고 이르시되 "내가 창조한 사람을 내가 지면에서 쓸어버리되 사람으로부터 가축과 기는 것과 공중의 새까지 그러하리니 이는 내가 그것들을 지었음을 한탄함이니라 (창6:5~7)"하시게 된다.

그러나 사탄의 영에 결코 종속되지 아니할 하나님의 백성들을 위한 하나님의 구원의 예정이 그 기쁘신 뜻대로 아벨의 죽음과 셋의 출생 사이의 시점에서 하나님의 은혜 가운데 이루어짐으로 말미암아 당대에 완전한 자요 의인인 노아(창6:9)는 여호와께 은혜를 입어 방주를 건조함으로써 땅 위의 모든 생명들이 멸망하는 대홍수 가운데서도 하나님의 명령대로 짝을 이루어 방주에 태운 짐승들과 그의 가족 여덟 명은 하나님의 예정 가운데 살아남게 된다.

따라서 노아의 아들들인 셈과 함과 야벳으로 인하여 인류의 삶이 이 땅에서 다시 이어지게 됨으로 말미암아 하나님이 선포하신 창1:28의 말씀과 창3:15의 말씀이 예정대로 이루어지도록 하기 위해 창조주 하나님의 절대주권으로서 인류의 삶과 역사를 하나님께서 친히 주관하시게 된다.

노아의 방주와 타락 천사들

하지만 노아의 대홍수 이후에도 구약의 역사 속 여러 곳에 계속하여 등장하는 네피림의 존재가 오늘날 우리들에게 무엇을 상징하는 사건인지 깊은 기도 가운데 성령의 인도하심을 따라 이 문제를 하나님의 관점에서 헤아려야 함을 결코 간과하지 말아야 할 것이다.

이에 관한 내용은 다음과 같은바, 노아의 세 아들들 중 작은아들 함은 셈과 야벳의 두 형제들과는 달리 지난날 가인의 후손들과의 교류를 갖는 가운데 가인 후손들의 타락한 문화에 오염된 채 여덟 명의 가족 중의 일원으로 방주에 승선하게 되었다는 안타까운 사실이다.

　이와 같은 사실이 의미하는 바는 방주에 탄 노아의 여덟 가족과 동물들을 제외한 땅 위의 모든 생명들이 하나님의 대홍수의 심판에 의해 목숨을 잃었음에도 불구하고 타락 천사들로서 그 원인을 제공한 사탄과 그의 부하 귀신들은 정작 죽지 아니한 채 오히려 자신들에게 종속된 노아의 작은 아들 함을 집요하게 쫓아와 노아와 그 가족들의 방주에 함께 편승하여 있었다는 의미인 것이다.

　대홍수가 끝이 난 이후에도 공중 권세 잡은 사탄과 그의 부하 귀신들이 인류에 끼칠 온갖 해악과 장차 지구상에 전개될 참혹하기 이를 데 없는 참상들을 예정 가운데 이미 다 꿰뚫어 보신 하나님이신바, 전지전능하신 하나님이심에도 불구하고 앞서 선포하신 창1:28의 말씀과 창3:15의 말씀을 반드시 이루시기 위해서 모순되기 그지없는 이 상황을 바라보실 수밖에 없으신 하나님의 심정이 얼마나 비통하시고 참담하셨을는지 그 누가 감히 짐작이나 할 수 있겠는가 하는 것이다.

　따라서 이러한 상황을 하나님의 시각에서 바라보게 되면, 인류의 최초 출발점인 에덴동산의 아담 하와 부부를 파멸시키기 위해 동산 주변을 맴돌며 기회를 엿보던 사탄의 모습과 이제 새로운 시작을 위한 인류의 재출발점인 방주의 노아 가족들을 파멸시키기 위해 방주 위를 맴돌며 또다시 기회를 엿보는 사탄의 모습을 확연히 직시할 수 있게 되는 것이다.

　하나님 보시기에 아담 하와 부부의 에덴동산이 미래의 인류가 영생이냐 죽음이냐의 절체절명의 분기점이었다면, 노아의 방주는 미래의 인류가 죄와 죽음으로부터 승리하기 위해 그리스도의 탄생과 희생 그리고 부활을 향하여 나아가는 기나긴 인고의 출발점이었던 것이다.

노아의 수치와 작은 아들 함의 그릇된 행위

이렇듯 지구를 뒤덮은 대홍수의 재앙 가운데 시간이 흘러 370일간(창7:11, 창8:13~14)의 대홍수의 큰 날의 심판이 마침내 끝이 남으로 말미암아 방주에서 나온 노아의 세 아들로부터 사람들이 온 땅에 퍼지게 된다(창9:19).

이후 정착한 땅에 노아가 농사를 시작하여 포도나무를 심게 되는바 하루는 노아가 자신의 장막에서 포도주에 취해 벌거벗은 채 잠이 들게 된다(창9:20~21).

(대홍수가 끝이 난 후 새로이 드러난 땅에서 이제 인류가 새롭게 시작하는 시점임에도 불구하고 지난날의 의인이었던 노아가 이성과 긴장의 끈을 놓아버린 채 낮부터 술에 취해 벌거벗은 채 잠이 든 수치스러운 모습은 장차 혼돈 속에 전개될 갈등과 분쟁의 인류의 단면이며 서막이라 할 수 있을 것이다)

이때 이를 예의주시하던 사탄이 지난날 에덴에서 쫓겨나던 아담 하와의 뒤를 쫓으며 그들 부부를 밀 까부르듯 조롱하며 비웃었듯이 이제 대홍수가 끝이 나고 인류의 새로운 출발점에서 술에 취해 벌거벗은 채 잠이든 노아를 크게 비웃는 가운데 죄에 종속된 작은아들 함으로 하여금 아버지 노아에 대한 함의 행위가 밀 까부르듯 하도록 유도하게 된다.

즉 평소 음주를 좋아하던 함이 낮부터 술을 찾고자 노아의 장막에 들어갔다가 포도주에 취해 벌거벗은 채 잠이 든 아버지 노아의 하체를 가까이에 보고서도 아버지의 하체를 가려주지 아니한 채 밖으로 나가서 그의 두 형제 셈과 야벳에게 이 사실을 알리며 아버지 노아에 대한 흉을 보게 된다.

이에 당황하고 놀란 셈과 야벳이 옷을 가져다가 자기들의 어깨에 메고 뒷걸음쳐 그들의 아버지의 하체를 덮어준 후 그들이 얼굴을 돌이키고 그들의 아버지의 하체를 보지 아니하게 된다(창 9:22~23).

이후 노아가 술이 깨어 자신의 하체가 옷으로 가려져 있는 것을 보고 세 아들을 불러 묻는 가운데 작은 아들 함이 자기에게 행한 일을 알게 되는바, 대홍수 이전의 함의 지난날 행적에서 그의 영적 순결성을 의심하던 노아였지만 대홍수가 끝난 후 자신과 세 아들들 모두에게 창9:1~17의 축복의 말씀을 선포하신 하나님이셨으므로 이에 노아가 작은 아들 함을 향해서 차마 직접적인 책망은 하지 않게 된다.

하지만 함의 네 아들 중 막내인 가나안의 평소 행위를 볼 때 함의 오염된 씨를 지니고 태어난 것으로 여기던 노아였던 터라, 자신의 손자이자 함의 아들인 가나안을 향하여 이르되 가나안은 저주를 받아 그의 형제의 종들의 종이 되기를 원하며 또한 셈과 야벳의 종이 되기를 원하노라(창9:25~27)는 극심한 저주를 퍼붓기에 이른다.

대홍수 이후의 네피림

이렇듯 노아의 세 아들로부터 사람들이 온 땅에 퍼지게 될 때에 노아의 아들 함에게 들어간 사탄의 농간에 의해 함의 아내에게서 네 아들 곧 구스, 미스라임, 붓, 가나안이 태어나게 되는바, 붓을 제외한 나머지 세 아들들은 네피림의 유전인자를 지님에 따라 후일 그들의 후손들 중에서 니므롯(구스의 아들), 골리앗(미스라임의 후손)과 같은 네피림과 유사한 거인 종족이 태어나게 된다.

이때 함의 아내는 가인 후손의 타락한 문화와 접촉하지 않아 오염되지 않음으로 해서 네 아들 모두 가인 후손 여자들의 아들들처럼 네피림으로 태어나지는 않게 된다.

하지만 가나안의 몸속에 심겨진 그의 아비 함의 타락한 유전인자가 앞서 말한 노아의 저주에 의해 가나안을 통해 타락한 그의 후손들에게 전해지게 됨으로써 손자 가나안을 향한 창9:25의 노아의 저주는 후일 여호수아가 가나안 땅을 정복함으로써 실현되게 된다.

이처럼 공중 권세 잡은 사탄의 농간으로 말미암은 아버지 노아에 대한 함의 그릇된 행위와 손자 가나안을 향한 노아의 저주 가운데 대홍수 이후 함의 아들인 가나안의 후손들 중 네피림의 후손에 해당하는 아낙 자손의 거인들인 아히만, 세새, 달매 등이 구약의 역사에 등장하게 된다(민13:22,33).

또한 이스라엘의 사울 왕과 소년 다윗 때의 가드 족속의 거인 골리앗(삼상17:4)과 다윗 왕 말기 때의 가드 족속의 이스비브놉,

샵, 라흐미(골리앗 동생), 손가락 발가락이 각기 여섯 개씩인 거인 등 네 명의 거인들이 마지막으로 더 등장하여(삼하21:16~21) 하나님의 백성들과 대항하며 세상을 어지럽히게 된다.

하지만 이들 사탄의 자식들인 네피림의 후손들 중 골리앗과 마지막 네 명의 네피림들은 예수 그리스도 탄생의 계보인 다윗 왕과 그의 용사들에 의해 모두 멸절되고(삼하21:22) 이로써 네피림의 존재는 마침내 성경 속에서 사라지게 된다.

이렇듯 대홍수 이후의 구약의 역사 속에 등장하는 네피림의 존재가 상징하는 바는 무엇일까?

그것은 곧 노아의 세 아들들 가운데 함과 같이 죄에 종속된 인간의 약점을 놓치지 않고 집요하게 공격하여 인류 역사를 죄로 오염시키며 다시 등장하게 되는 사탄의 사악한 실체와 그 계략을 면밀히 보여줌과 동시에 "여자의 후손은 네 머리를 상하게 할 것이요 너는 그의 발꿈치를 상하게 할 것이니라(창3:15)" 하신 하나님의 말씀이 다윗의 계보를 통해 여자의 후손으로 오시는 예수 그리스도에 의해 장차 반드시 이루어지게 됨을 상징하는 사건인 것이다.

위의 모든 상황을 하나님의 관점에서 헤아리게 되면, 위와 같은 네피림들이 대홍수 이후에도 일정 기간 동안 여전히 존재하여 세상을 어지럽힐 뿐만 아니라 예수 그리스도의 십자가 희생과 부활 승천하심에도 불구하고 사탄의 공중 권세 아래 장차 땅 위에 전개되는 인류의 참혹한 참상에 대해 이 모두를 아벨의 죽음과 셋의 출생 사이 시점에서 이미 꿰뚫어 보신 하나님의 아픈 마음을 감히 헤아릴 수 있게 되는 것이다.

4
하나님의 눈물, 하나님의 외침!

　따라서 대홍수가 끝난 후 땅 위에 새로이 시작하는 인류의 재출발점에서 하나님께서 노아와 그 아들들에게 복을 내리실 때에 (창9:1~17) 지난날 엿새 동안의 창조사역을 다 이루시고 아담과 하와를 향하여 창1:28의 축복의 말씀을 주신 후 지으신 모든 것을 보시며 심히 기뻐하시던 (창1:31) 그때의 하나님의 모습은 그 어디에서도 찾아볼 수 없는 것이다.
　왜냐하면 인류의 진정한 자유를 위해 모두에게 하나님과의 대화의 통로로 사용토록 부여해 주신 소중한 능력의 자유의지를 인류가 자기의지로 잘못 사용함으로 인하여 먼 훗날 새 하늘과 새 땅이 열리는 인류의 마지막 날까지 땅 위에 끊임없이 이어지는 참혹한 전쟁과 피의 역사로 점철되는 인류의 불행한 미래로 말미암아 하나님의 심중엔 하나님만이 아시는 아픈 뜨거운 눈물이 강을 이루어 흐르고 계셨기 때문이다.

　우리들의 존재만으로도 무한히 기뻐하시는 하나님이시지만 오늘날 우리들을 바라보시는 하나님의 눈에는 사탄의 공중 권세 아래 놓여 있는 우리들로 인하여 눈물이 마르지 아니하신다는 것이다.

　왜냐하면 아담과 하와 이후 구약시대와 신약시대의 기나긴 여정의 시간이 지나는 동안 하나님의 섭리에 의해 성경에 기록된 여러 인물들에 관해 오늘날의 우리들은 성경 속의 인물들을 언제든 말씀 속에서 만나는 은혜 가운데 그들의 삶과 행적을 세세히 알게 됨으로써 유대교와 기독교와 이슬람의 역사뿐 아니라 장차 이 땅 위에 일어날 미래의 일들까지도 성경을 통하여 이미 꿰뚫고 있는 우리들인 것이다.

　따라서 이러한 우리들의 믿음의 연수를 하나님께서 바라보시게 되면 우리들의 믿음의 연수가 단지 몇십 년, 몇백 년이 아닌 넉넉히 수천 년에 이르는 것으로 여기시기도 하기 때문이다.

　이는 곧 사람의 나이로 사오십 세 정도가 되면 자신을 낳고 키워주신 부모의 노고와 그 심정을 헤아릴 줄 아는 것이 자녀로서의 도리일진대 그리스도인이라 하는 오늘날의 우리들은 기나긴 여정의 구약과 신약시대의 말씀을 수차례 통독하기도 하며 필사도 하는 가운데 여호와 하나님을 아버지 하나님으로 믿고 섬기면서도 인류를 죄로부터 지키고자 하시는 아버지 하나님의 고뇌와 우리들로 인해 흘리고 계시는 하나님의 아픈 눈물의 의미를 그 누구도 헤아리지 않는다는 것이다.

　즉 그리스도인이라 자부하며 구약시대로부터 계시록에 이르기까지 성경을 꿰뚫고 있는 우리들의 믿음의 연수가 하나님 보시기에 넉넉히 수천 년에 이름에도 불구하고 사탄의 공중 권세 아래 놓여 있는 우리들의 현재의 믿음은 여전히 정함이 없는 사춘기적 소년 시절의 나이에 머물러 있음으로 해서 하나님의 아픈 눈물의 의미를 전혀 헤아리지 못한다는 것이다.

하지만 그럼에도 불구하고 우리들의 존재만으로도 한없이 기뻐하시는 하나님께선 사탄의 공중 권세 아래 놓여 있는 우리의 연약함을 이해하시고 불쌍히 여기시는 가운데 인류를 오직 죄로부터 지키고자 하시는 안타까운 심정을 렘33:3의 "너는 내게 부르짖으라 내가 네게 응답하겠고 네가 알지 못하는 크고 은밀한 일을 네게 보이리라"는 약속의 말씀과 마13:35의 "내가 입을 열어 비유로 말하고 창세부터 감추인 것들을 드러내리라 함을 이루려 하심이라"는 약속의 말씀으로써 오늘날의 우리들에게 지금 이 순간에도 눈물로써 간곡히 외치고 계시는 것이다.

오늘날 우리들을 향한 하나님의 눈물과 하나님의 외침이 궁극적으로 의미하는 바는, 하나님이 보여주시지 아니하면 결코 알 수 없는 크고 은밀한 일들, 즉 창세기 1장~11장의 말씀과 엡1:4~6의 말씀 속에 감추신 하나님의 의중 곧 천국과 인류에 관한 복음의 비밀을 전심을 다해 하나님께 부르짖는 자들에게 드러내 보여주심으로써 천지를 창조하신 하나님이 어떤 분이신지를 우리가 알게 될 때에 비로소 여호와 하나님을 올바로 섬기는 슬기로운 다섯 처녀에 해당하는 하나님의 사람들이 이 땅 위에 준비되도록 하셔서 공중 강림 하실 예수 그리스도의 길을 예비하게 하심으로 말미암아 "그러나 인자가 올 때에 세상에서 믿음을 보겠느냐(눅18:8)" 하신 예수님의 경고의 말씀이 단연코 이루어지지 않도록 하기 위함이 곧 오늘날 우리들을 향한 하나님의 눈물과 하나님의 외침의 궁극적 의미요 이유인 것이다.

그러므로 우리가 여호와를 알자 힘써 여호와를 알자~

나는 인애를 원하고 제사를 원하지 아니하며 번제보다 하나님을 아는 것을 원하노라(호6:3,6). 아멘!

제7부

1:1 신앙 개혁

1
16세기 종교개혁,
21세기 1:1 신앙 개혁!

1517년 16세기 새벽녘!
로마 가톨릭교회의 부패와 타락에 항거하기 위한 마틴 루터(1483~1546)의 95개 조 반박문의 위대한 종교개혁의 종소리가 중세의 암흑의 장벽을 무너뜨리고 근대의 새벽을 일깨우며 세상을 향해 널리 울려 퍼졌듯이
2025년 21세기 아침 녘!
하나님 앞의 왜곡된 나의 신앙을 바로 세우기 위한 1:1 신앙 개혁의 종소리가 진리에 갈급하여 방황하는 이 시대의 영혼들을 흔들어 일깨우며 온 땅 위에 다시 한번 힘차게 울려 퍼져야 한다.
창조주 하나님의 최초의 말씀이자 성경의 뿌리인 창세기 1장~11장의 말씀과 하나님의 창세 전후의 말씀이자 구원의

예정에 관한 사도바울의 엡1:4~6의 말씀에 대한 나의 왜곡된
신앙의 단추, 곧 잘못 꿰어진 성경의 첫 단추를 하나님 앞에
다시 올바로 꿰기 위한 1:1 신앙 개혁의 외침의 소리가
이 땅의 그리스도인들의 입을 통해 예루살렘과 온 유대와
사마리아와 땅끝까지 울려 퍼져야 하는 것이다.
그리스도인들에 의한 1:1 신앙 개혁의 외침의 소리가 갈등과
분쟁에 휩싸인 세상을 향해 널리 울려 퍼지게 될 때 교회
안에서 상처받고 실망하여 교회를 떠난 이들을 비롯하여
사이비 종교와 이단에 속아 교회를 등진 이 시대의 수많은
안타까운 영혼들이 주님의 품으로 다시 돌아오는 구원의
역사와, 교회의 교역자들과 신학생들이 신학의 본질에 대한
깨달음, 즉 신학이 우리들의 학문적 성경적 지식에 의해
하나님을 연구하고 배우는 학문이 결코 아니라 창조주
하나님의 말씀을 피조물인 우리들의 시각과 관점에서가
아닌 오직 창조주 하나님의 시각으로 바라보며 창조주
하나님의 관점에서 헤아림으로써 말씀 속에 함축된
하나님의 의중과 말씀 속에 녹아있는 하나님의 아픈 눈물을
자녀 된 나의 믿음의 눈으로 감히 보게 됨으로 말미암아
여호와 하나님이 어떤 분이신지를 성령 하나님께 배워
알아가는 과정이 곧 신학의 본질임을 깨닫는 은혜의 역사와,
진리인 성경 말씀과 자신의 믿음과의 괴리로 인하여
영적으로 침체된 채 수면 위에 드러나지 아니한 수많은
병든 영혼들이 치유되는 치유의 역사와, 점차 사라져 가는

어린 생명들의 요람인 주일학교가 교회마다 다시 회복되는 회복의 역사가 시시각각 다가오는 세계 대전의 위기와 함께 7년 대환난의 파국으로 치닫는 이 시대에 하나님의 은혜로 다시 한번 온 땅 위에 불일 듯 일어나게 되는 것이다. 1:1 신앙 개혁의 외침의 소리가 의미하는 바는, 원죄와 자범죄로 인하여 모두가 멸망의 길로 갈 수밖에 없는 인류를 사랑 안에서 그 앞에 거룩하고 흠이 없게 하시려고 그 기쁘신 뜻대로 하나님이 정하신 시점, 즉 아벨의 죽음과 셋의 출생 사이의 시점에서 구원에 이를 영혼들을 손수 예정하심으로써 부활하신 예수 그리스도로 말미암아 하나님의 자녀가 되도록 하셨음에도 불구하고 안타깝게도 아직 진리를 깨닫지 못해서 또는 아직 진리의 말씀을 접하지 못해서 길을 잃고 방황하는 이 땅의 수많은 영혼들이 7년 대환난을 앞두고 하나님의 품으로 속히 돌아오도록 하기 위하여 그리스도인들의 외침을 통해 나타내고 계시는 하나님의 아픈 눈물을 의미하는 것이며, 하나님이 선포하신 창1:28의 말씀과 창3:15의 말씀을 이 땅에 이루시기 위하여 그리스도인들의 입을 통해 온 인류를 향해 외치는 하나님의 간곡한 음성을 의미하는 것이다.

이러한 관점에서 볼 때 1:1 신앙 개혁의 실천은 7년 대환난의 적그리스도의 등장을 앞두고 땅 위의 모든 교회가 오직 예수 그리스도의 신앙으로 하나가 되어 그리스도의 공동체로서 진정한 연합을 이루게 되는 은혜의 기회가 되는 것이다.

이에 관한 증거의 말씀이 곧 렘33:3의 너는 내게 부르짖으라 내가 네게 응답하겠고 네가 알지 못하는 크고 은밀한 일을 네게 보이리라는 말씀과 마13:35의 내가 입을 열어 비유로 말하고 창세부터 감추인 것들을 드러내리라 함을 이루려 하심이라는 말씀이다.

네가 알지 못하는 크고 은밀한 일이란 하나님의 깊으신 뜻에 의해 창세부터 감추신 것들로서 창세기 1장~11장의 말씀과 엡1:4~6의 말씀 속에 함축된 하나님의 의중 곧 천국과 인류에 관한 복음의 비밀을 말하는 것이다.

즉 1:1 신앙 개혁의 외침은 오직 성령이 너희에게 임하시면 너희가 권능을 받고 예루살렘과 온 유대와 사마리아와 땅 끝까지 이르러 내 증인이 되리라(행1:8) 하신 예수님의 말씀처럼 오늘날 땅 위의 모든 그리스도인들이 지금의 나의 자리와 나의 위치가 곧 땅의 끝임을 깊이 깨닫고 예수 그리스도의 증인이 되어 창세부터 감추신 복음의 비밀 곧 창세기 1장~11장의 말씀과 엡1:4~6의 말씀 속에 함축된 하나님의 의중과 그리스도의 사랑을 나의 가까운 이웃부터 진심을 다해 전하며 실천하기를 바라는 외침의 소리인 것이다.

이렇듯 예수 그리스도의 증인이 되어 1:1 신앙 개혁을 실천하는 행함이 있게 될 때에 땅 위의 모든 교회가 오직 예수 그리스도의 신앙으로 하나가 되는 가운데 등불을 켤 기름을 준비해 간 슬기로운 다섯 처녀가 준비됨으로 말미암아 그리스도의 공중 강림 하시는 날이 마침내 이 땅 위에 임하게 되는 것임을 길이요 진리요 생명이신 예수 그리스도께서 행1:8의 말씀을 통하여 이 시대의 교회를 향해 지금 이 순간에도 간곡히 외치고 계시는 것이다.

2

1:1 신앙 개혁의 본질

2천 년 전 사람의 몸으로 이 땅에 오실 그리스도의 길을
예비하기 위한 세례요한의 외치는 자의 소리가 온 광야에
울려 퍼질 때 인류를 죄로부터 구속하시기 위한 예수님의
공생애 사역이 시작되었듯이 공중 강림 하실 그리스도의
길을 준비하기 위한 1:1 신앙 개혁을 외치는 자의 소리가
갈등과 분쟁에 휩싸인 세상을 향해 이 시대의
그리스도인들의 입을 통해 온 땅에 울려 퍼질 때, 그러나
인자가 올 때에 세상에서 믿음을 보겠느냐(눅18:8) 하신
예수님의 경고의 말씀은 단연코 이루어지지 않게 되고 온
율법과 선지자의 강령인 두 가지 큰 계명, 곧 네 마음을
다하고 목숨을 다하고 뜻을 다하여 주 너의 하나님을
사랑하라는 말씀과 네 이웃을 네 자신같이

사랑하라(마22:37~39)는 말씀을 온전히 실천할 등불을 켤 기름을 준비해 간 슬기로운 다섯 처녀(마25:1~13)가 비로소 이 땅 위에 준비되는 것이다.

이것이 곧 1:1 신앙 개혁의 목적이며 본질인 것이다.

그 외치는 자의 소리는 지금의 자신의 자리와 위치에서 하나님 앞의 왜곡된 나의 믿음을 올바로 세우기 위한 1:1 신앙 개혁의 외침의 소리를 세례요한의 심정으로 온 세상을 향해 끊임없이 외치는 이 시대의 진정한 그리스도인들의 소리일 것이다.

성경의 첫 단추 곧 창세기 1장~11장의 말씀과 엡1:4~6의 말씀 속에 함축된 하나님의 의중을 올바로 헤아림으로써 여태껏 잘못 꿰어진 성경의 첫 단추를 바로 꿰기 위한 그리스도인들의 1:1 신앙 개혁의 외침의 소리가 진리에 목말라하는 이 시대의 영혼들을 흔들어 일깨우며 하나님이 창조하신 이 땅 지구 위에 가득히 울려 퍼지길 기도드린다. 아멘!

하나님의
눈물,
하나님의
외침!

초판 1쇄 발행 2025. 7. 31.

지은이 강철수
펴낸이 김병호
펴낸곳 주식회사 바른북스

편집진행 김재영
디자인 김민지

등록 2019년 4월 3일 제2019-000040호
주소 서울시 성동구 연무장5길 9-16, 301호 (성수동2가, 블루스톤타워)
대표전화 070-7857-9719 | **경영지원** 02-3409-9719 | **팩스** 070-7610-9820

•바른북스는 여러분의 다양한 아이디어와 원고 투고를 설레는 마음으로 기다리고 있습니다.
이메일 barunbooks21@naver.com | **원고투고** barunbooks21@naver.com
홈페이지 www.barunbooks.com | **공식 블로그** blog.naver.com/barunbooks7
공식 포스트 post.naver.com/barunbooks7 | **페이스북** facebook.com/barunbooks7

ⓒ 강철수, 2025
ISBN 979-11-7263-502-2 03230

•파본이나 잘못된 책은 구입하신 곳에서 교환해드립니다.
•이 책은 저작권법에 따라 보호를 받는 저작물이므로 무단전재 및 복제를 금지하며,
 이 책 내용의 전부 및 일부를 이용하려면 반드시 저작권자와 도서출판 바른북스의 서면동의를 받아야 합니다.